Kathrin Müller

Jacken & Pullover Tunesisch Häkeln

Leopold Stocker Verlag
Graz – Stuttgart

Kathrin Müller
tunesisch Häkeln oder Sträkeln
www.straekeln.de

Umschlaggestaltung: DSR – Werbeagentur Rypka, A-8143-Dobl/Graz
Titelbild vorne und großes Bild auf der Rückseite: Stephan Friesinger, Graz, www.free-c.org
Bildnachweis: Stephan Friesinger, Graz, www.free-c.org: S. 3 unten Mitte, S. 48.
Alle anderen Abbildungen stammen dankenswerterweise von der Autorin.
Model auf S. 57: Sabine Dolezal

Bibliographische Information der Deutschen Nationalbibliothek
Die Deutsche Nationalbibliothek verzeichnet diese Publikation in der Deutschen Nationalbibliographie; detaillierte bibliographische Daten sind im Internet über http://dnb.d-nb.de abrufbar.

Hinweis:
Dieses Buch wurde auf chlorfrei gebleichtem Papier gedruckt. Die zum Schutz vor Verschmutzung verwendete Einschweißfolie ist aus Polyethylen chlor- und schwefelfrei hergestellt. Diese umweltfreundliche Folie verhält sich grundwasserneutral, ist voll recyclingfähig und verbrennt in Müllverbrennungsanlagen völlig ungiftig.

Auf Wunsch senden wir Ihnen gerne kostenlos unser Verlagsverzeichnis zu:
Leopold Stocker Verlag GmbH
Hofgasse 5 / Postfach 438
A-8011 Graz
Tel.: +43 (0)316/82 16 36
Fax: +43 (0)316/83 56 12
E-Mail: stocker-verlag@stocker-verlag.com
www.stocker-verlag.com

ISBN 978-3-7020-1656-2

Layout: DSR – Werbeagentur Rypka, A-8143-Dobl/Graz
Herstellung: hm•perfectprintconsult•eu

Werkstücke in diesem Buch

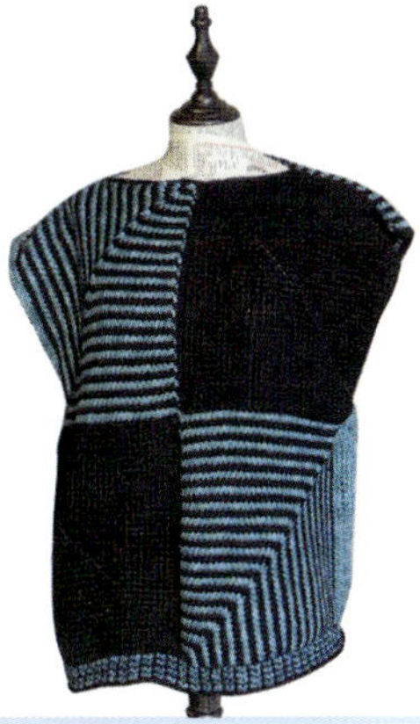

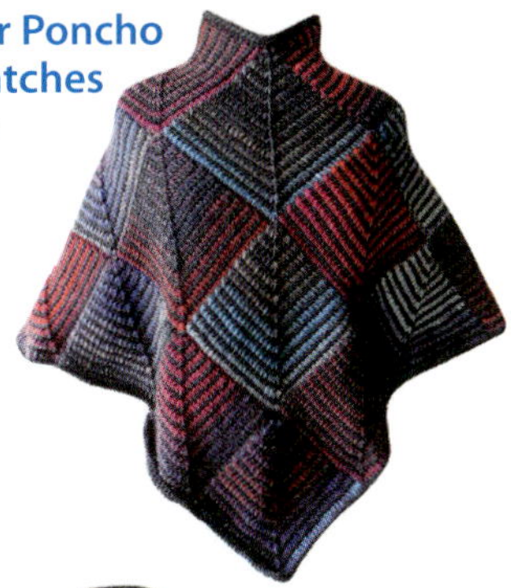

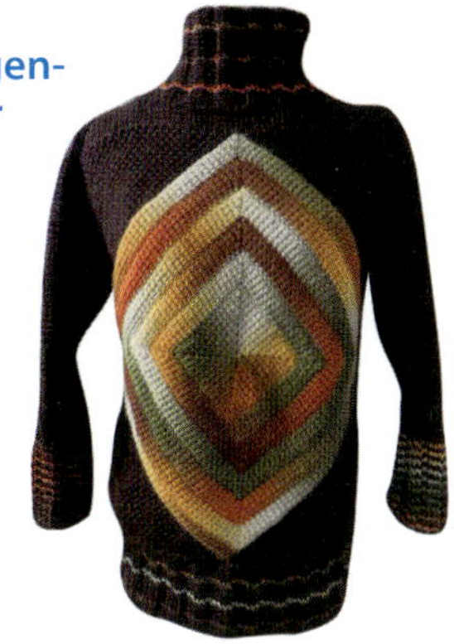

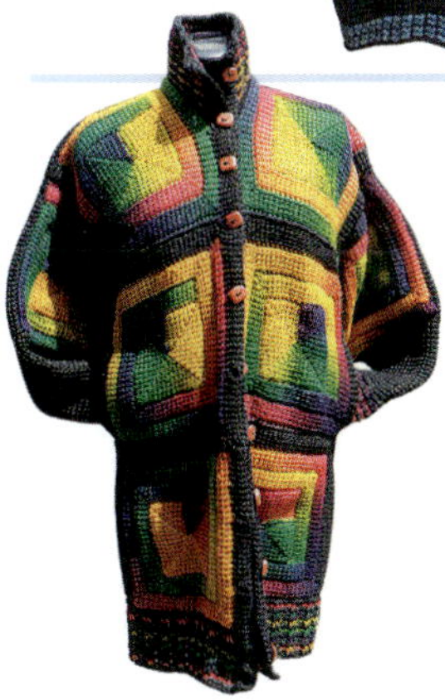

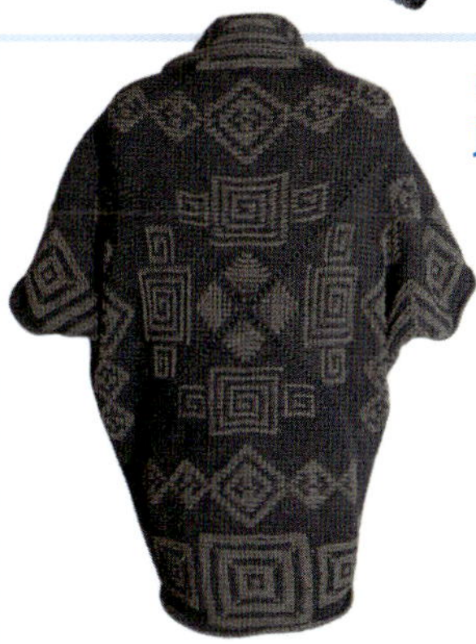

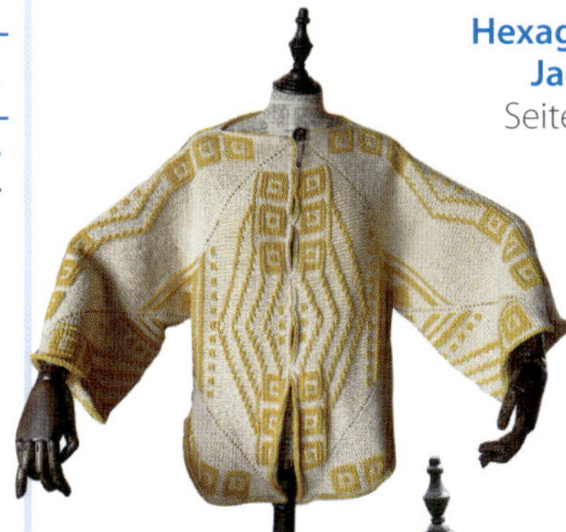

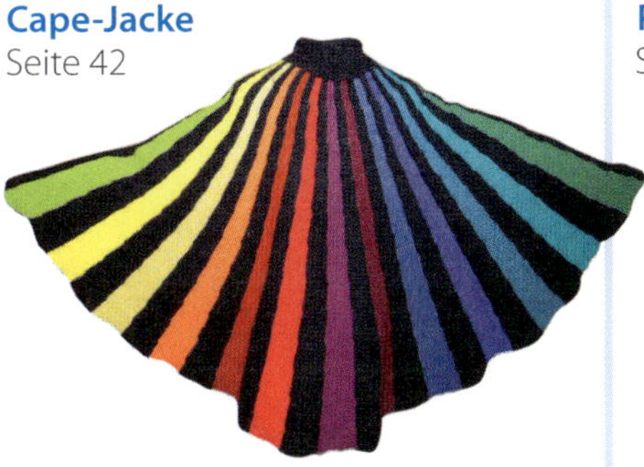

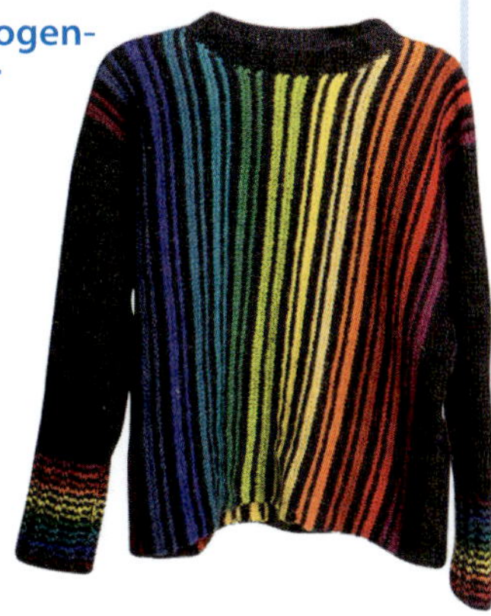

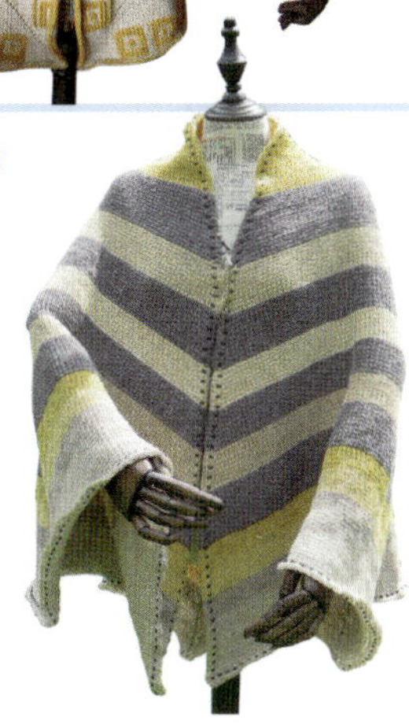

Ein Wort vorab

Jacken und Pullis kann man ja nie genug haben.

Die Modelle in diesem Buch haben bewusst alle einen einfachen Schnitt und bieten somit auch die Basis für eigene Projekte. Wer meine beiden vorherigen Bücher kennt, wird leicht in der Lage sein, die Modelle aus diesem Buch nachzuarbeiten.

Natürlich sind bei den einzelnen Modellen genügend Erklärungen, sodass fortgeschrittene Häklerinnen, auch ohne die vorherigen Bücher zu kennen, die Modelle arbeiten können. So erkläre ich den Rollkragenpullover z. B. Schritt für Schritt.

Alle Modelle in diesem Buch sind in Größe M/L gearbeitet und können leicht an die eigene Größe angepasst werden. Dazu ist ein Umrechnen anhand der eigenen Maschenprobe nötig. Die einfachen Schnitte sind mit ein bisschen Eigeninitiative leicht an die eigene Größe anzupassen.

Die Maße und/oder die Maschenprobe des jeweiligen Werkstücks stehen immer dabei, um zu prüfen, ob das jeweilige Teil passen würde. Sie messen einfach einen eigenen gut sitzenden Pullover aus und vergleichen die Maße.

Anhand einer Maschenprobe kann dann auf die eigene Größe umgerechnet werden. Wird die angegebene Wolle verwendet, reicht evtl. auch einfach eine andere Nadelstärke, um die Größe anzupassen. Dabei aber unbedingt darauf achten, dass die Nadelstärke nicht zu klein gewählt wird, sonst wird das Werkstück zu fest/steif.

Nun wünsche ich viel Spaß mit den Modellen in diesem Buch.

Videos zu den Grundlagen des Tunesischen Häkelns gibt es in meinem YouTube Kanal unter http://goo.gl/ftWCvi

Wichtige Abkürzungen in diesem Buch:

RdM	Randmasche	**TKS**	Tunesischer Strickstich
TSS	Tunesischer Grundstich	**TRS**	Tunesischer Reversestich
TSS+	Einfache Zunahme	**fTPS**	falsche Tunesische linke Masche
TSS++	Doppelte Zunahme		

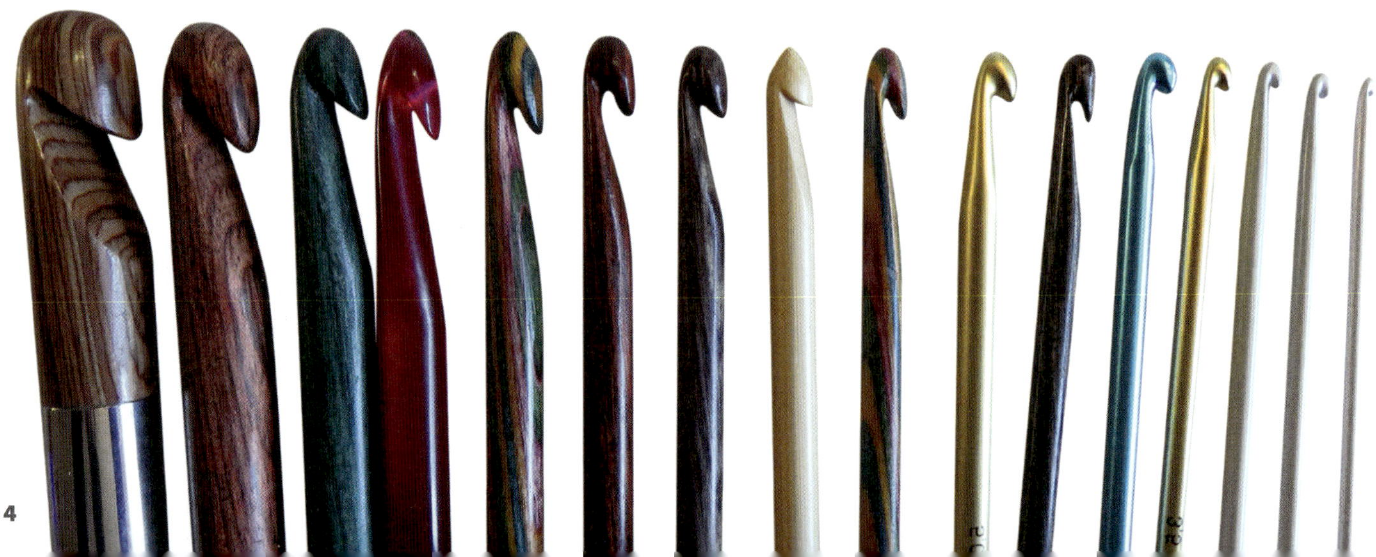

Einfacher Kastenpulli
aus Bändchengarn

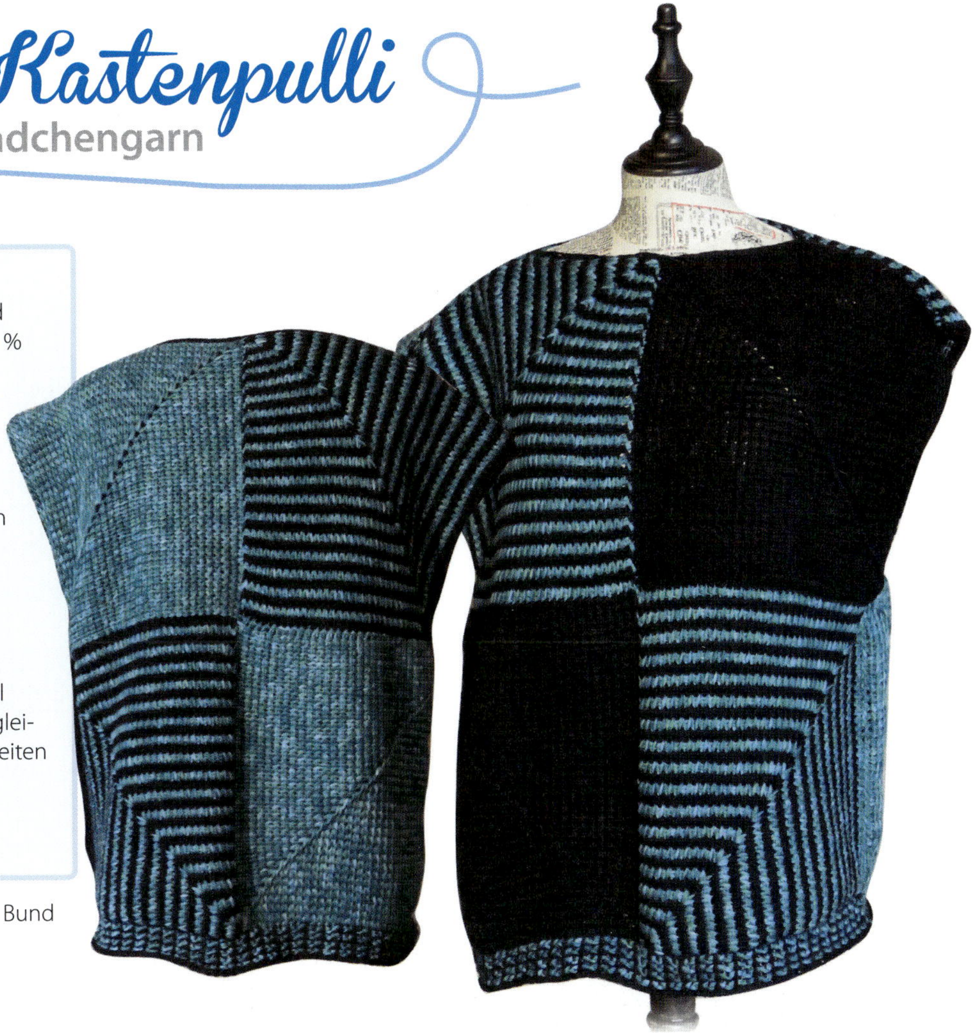

MATERIAL

WOLLE

Lana Grossa Linea Pura California und California Print – 80 % Baumwolle, 20 % Seide, LL: 110 m/50 g

- 250 g California, Farbe 012 Schwarz
- 250 g California Print, Farbe 304 Grün/Petrol

Tipp: Wer keine Farbwechsel machen möchte, wählt ein Bändchengarn in Verlaufsfarben, damit ergeben sich auch spannende Muster.

NADEL

- Tunesische Häkelnadel Nr. 9 mit Seil
- Tunesische Doppelnadel Nr. 9 mit gleicher Stärke der Haken auf beiden Seiten
- Maschenmarkierer

Größe: ca. 58 cm breit und mit kleinem Bund 62 cm lang

MASCHENPROBE

Ein Patch ist ca. 29 x 29 cm groß.

WAS MAN KÖNNEN MUSS

- Tunesischer Grundstich
- Tunesischer Reversestich
- Farbwechsel in der Hinreihe
- Technik der Patches
- Tunesisch in Runden arbeiten

Wichtig!

Die einzelnen Patches sind nicht genau quadratisch, das ergibt sich erst nach dem Aneinanderarbeiten der Patches!

Anleitung

Der Pullover besteht aus 2 großen Patch-Quadraten – Vorderteil und Rückenteil. Jedes Quadrat besteht aus 4 Patches, diese werden jeweils an der Spitze des vorherigen Patches weitergearbeitet.

Durch die Kastenform und den U-Boot Ausschnitt sind Vorder- und Rückenteil

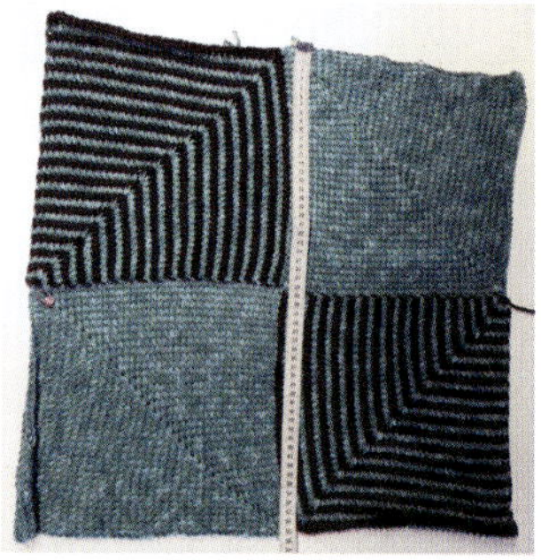

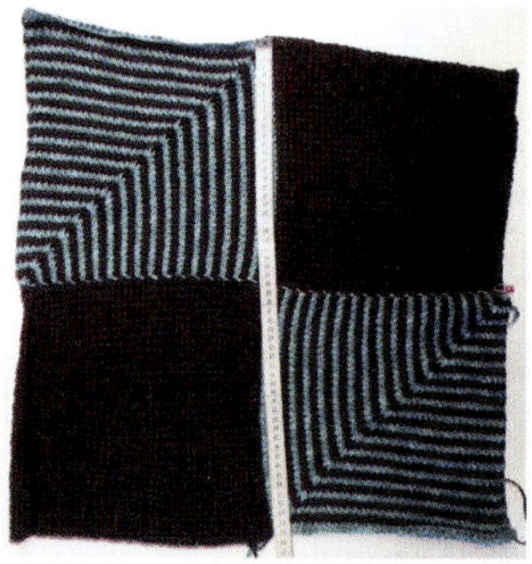

gleich, somit ist es egal, welche Seite vorne bzw. hinten getragen wird. Die Benennung nach „Vorderteil" und „Rückenteil" dient also nur der Unterscheidung.

Die mittleren Abnahmen sind alle nach Variante 1 (S. 8) gearbeitet.

VORDERTEIL

Patch 1: 73 Luftmaschen mit Farbe Schwarz anschlagen und die Grundreihe arbeiten, dabei die 37. Masche (= Mittelmasche) markieren. In der folgenden Rückreihe die mittleren 3 Maschen zusammen abmaschen und für die nächste Hinreihe zur Farbe Grün/Petrol wechseln.

In dieser Streifenfolge das Patch arbeiten, es endet mit der Farbe Grün/Petrol.

Patch 2: Aus der letzten Masche des ersten Patches (Farbe Grün/Petrol) 36 Luftmaschen anschlagen. Die Schlingen aus den 36 Luftmaschen holen, 1 Schlinge aus der letzten Masche von Patch 1 (Mittelmasche) und 36 Schlingen aus der Seitenkante von Patch 1 herausarbeiten – es sind wieder 73 Schlingen auf der Nadel. Patch 2 wird einfarbig in Grün/Petrol gearbeitet.
Patch 3: Nach dem gleichen Prinzip wie Patch 2 beginnen, allerdings mit der Farbfolge von Patch 1. Das heißt, es wird mit der Farbe Schwarz begonnen und im Streifenmuster gearbeitet.
Patch 4: Dieses Patch ist wieder einfarbig in Grün/Petrol, der Beginn ist wie bei Patch 2. Allerdings wird nun die letzte Masche jeder Hinreihe mit der entsprechenden Seitenmasche von Patch 1 verbunden.

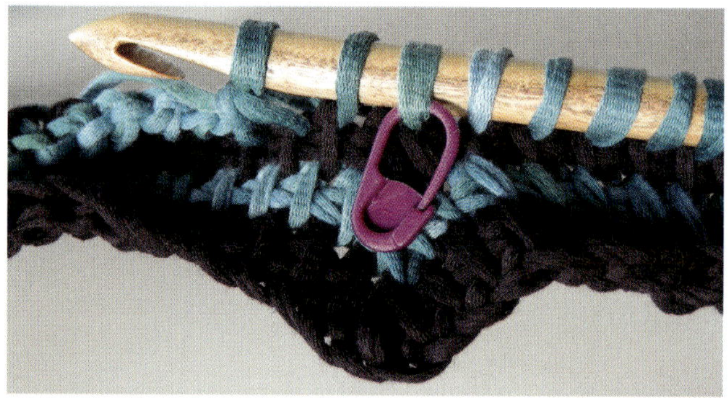

Technik: Farbwechsel für Patch 3

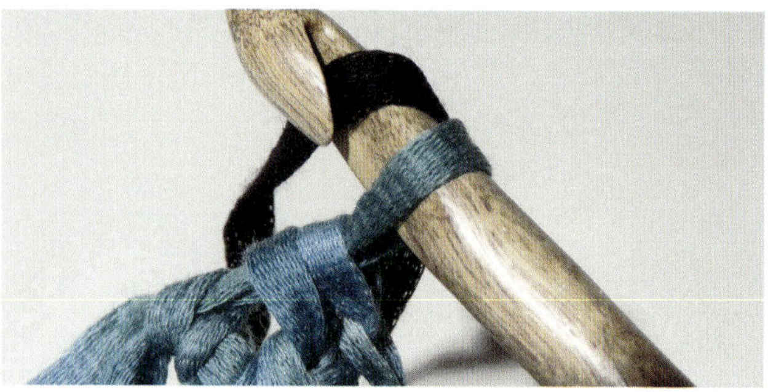

Die neue Farbe durch die letzte Schlinge ziehen.

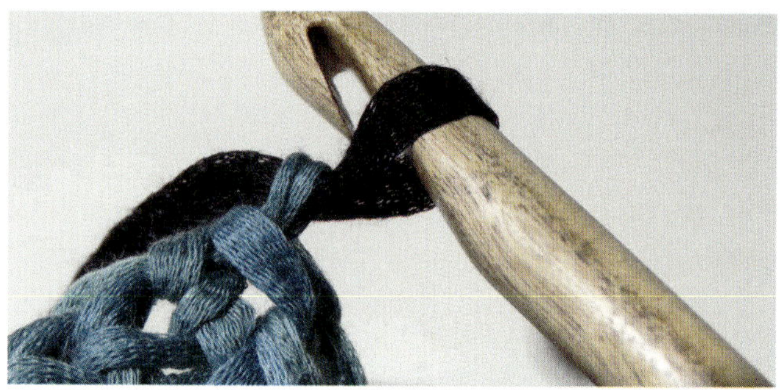

Den Faden der vorherigen Farbe fest anziehen und mit der neuen Farbe weiterarbeiten.

Technik: Schlingen aufnehmen aus dem Rand

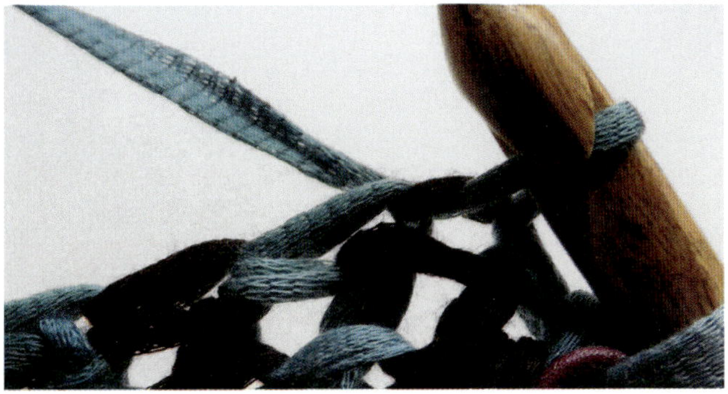

Da die Patches durch das Bändchengarn locker sein sollen, wird zum Aufnehmen der Schlingen einfach nur unter dem querliegenden Maschenglied durchgestochen und eine Schlinge geholt.

Technik: Verbinden von Patch 1 und 4

Am Reihenende des Patches 4 wird die zusätzliche Luftmasche durch die entsprechende Masche von Patch 1 gearbeitet und durch die letzte Masche von Patch 4 gezogen. Dann wird weiter ganz normal abgemascht.

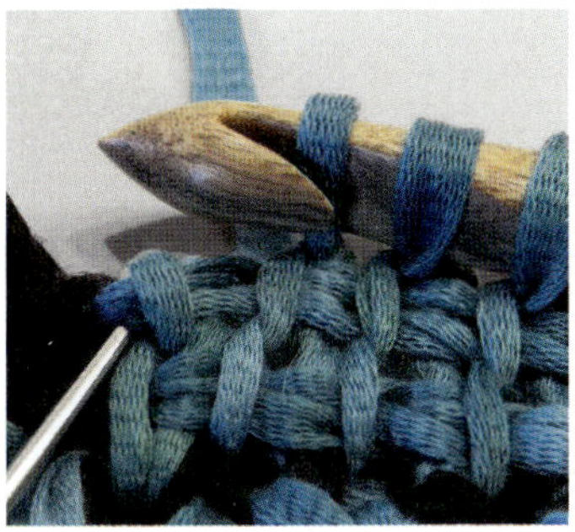

Schritt 1: Die Nähnadel kennzeichnet die letzte Masche von Patch 4.

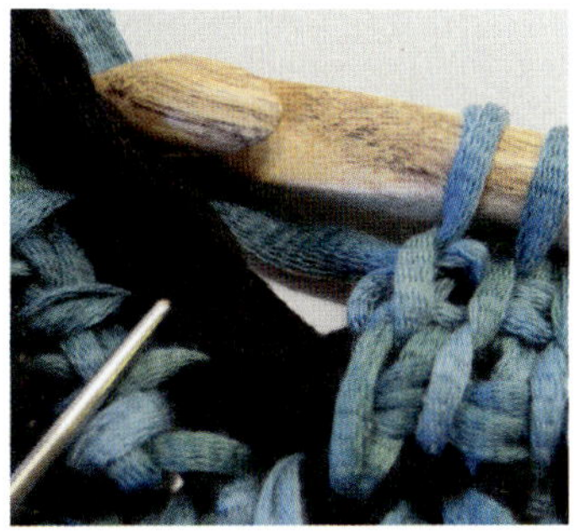

Schritt 2: Hier kennzeichnet die Nähnadel die entsprechende Masche von Patch 1.

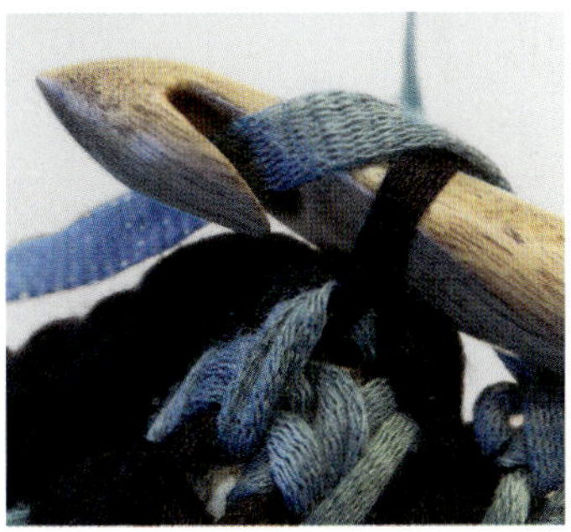

Schritt 3: Faden durch die entsprechende Masche holen.

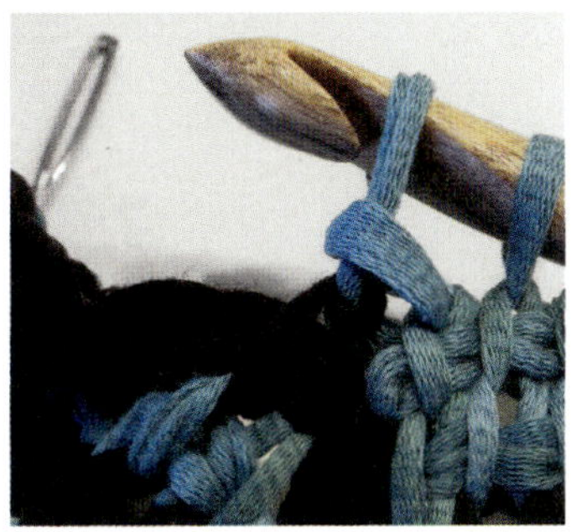

Schritt 4: Und durch die letzte Schlinge von Patch 4 ziehen.

Technik: Rückenteil

Wie das Vorderteil sträkeln, allerdings in umgekehrter Farbfolge, das heißt:
Patch 1 und 3 beginnen mit der Farbe Grün/Petrol. Patch 2 und 4 sind einfarbig schwarz.

Fertigstellung

Die Schulternähte schließen und dabei für den Halsausschnitt die mittleren 26 cm offen lassen.

Die Seitennähte schließen und dabei für die Armausschnitte jeweils ca. 22 cm offen lassen

Den Halsausschnitt und die Armausschnitte mit einer Runde Kettmaschen in der Farbe Schwarz oder Grün/Petrol umhäkeln.

Aus dem unteren Rand Schlingen aufnehmen und 3 Runden eine Masche Grundstich, eine Masche Reversestich im Wechsel arbeiten. Danach alle Maschen im Muster mit Kettmaschen abketten. Diese Runden entweder einfarbig arbeiten oder beide Farben verwenden. Bei dem abgebildeten Pulli werden die Schlingen mit Schwarz aufgenommen und mit Grün/Petrol abgemascht.

Alle Fäden vernähen, den Pulli auf Maß spannen, befeuchten und trocknen lassen.

Technik: Patches – Varianten für die mittleren Abnahmen

Die Größe eines Patches ist variabel, es muss aber immer eine ungerade Maschenzahl sein, die mittlere Masche bitte immer mit einem Maschenmarkierer markieren.

Variante 1: Die Patches des Pullis wurden nach dieser Variante gearbeitet. Abnahme von 2 Maschen in der Rückreihe, also die jeweils mittleren 3 Maschen zusammen abmaschen. In der nächsten Hinreihe die Nadel wie für den Grundstich durch die 3 zusammen abgemaschten vertikalen Schlingen stechen und eine Masche im Grundstich arbeiten.

Weitere mögliche Varianten, um Patches zu arbeiten, sind folgende:

Variante 2: Abnahme von 2 Maschen in der Rückreihe, also die jeweils mittleren 3 Maschen zusammen abmaschen. In der nächsten Hinreihe die Nadel wie für den Grundstich nur durch die mittlere der 3 zusammen abgemaschten Schlingen stechen und eine Masche im Grundstich arbeiten.

Variante 3: Abnahme von 2 Maschen in der Rückreihe, also die jeweils mittleren 3 Maschen zusammen abmaschen. In der nächsten Hinreihe die Nadel durch die querliegende Masche über den 3 zusammen abgemaschten Maschen stechen und eine Masche im Grundstich arbeiten.

Variante 4: Abnahme von 2 Maschen in der Hinreihe. Dabei die jeweils mittleren 3 Maschen zusammen als eine Masche im Grundstich arbeiten.

Variante 5: Abnahme von 2 Maschen in der Hinreihe. Bei dieser Variante werden die Maschen vor und hinter der markierten Masche einfach nicht gearbeitet, werden also ignoriert, nur die markierte mittlere Masche wird gearbeitet.

Bunter Poncho aus Patches

MATERIAL

WOLLE

Noro Kureyon – 100 % Wolle, LL: 100 m/50 g
- 150 g Farbe 259 (Basisfarbe Blau/ Verlauf bunt)
- 150 g Farbe 124 (Basisfarbe Rot/ Verlauf bunt)

Anmerkung: Ich habe je 200 g gekauft, da das Garn sehr unregelmäßig ist.

Fair Alpaka Socks – 75 % Alpaka und 25 % Polyamid, LL: 200 m/50 g, empfohlene Nadelstärke laut Banderole 2–3 mm, diese Wolle wird doppelt genommen
- 300 g in Schwarz

Anmerkung: Die Noro-Wolle ist sehr ungleichmäßig mit teilweise sehr dünnem und auch sehr dickem Faden. Das ist kein Problem, da die Fair Alpaka Socks diese Unregelmäßigkeiten ausgleicht, allerdings habe ich je Noro-Farbe ein Knäuel mehr gekauft – sicherheitshalber.

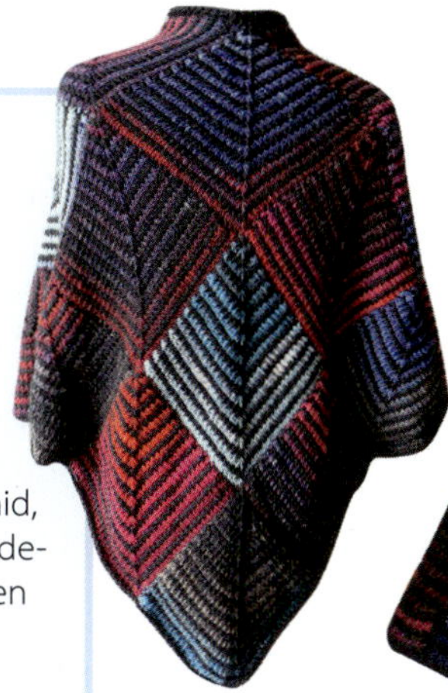

Rückseite

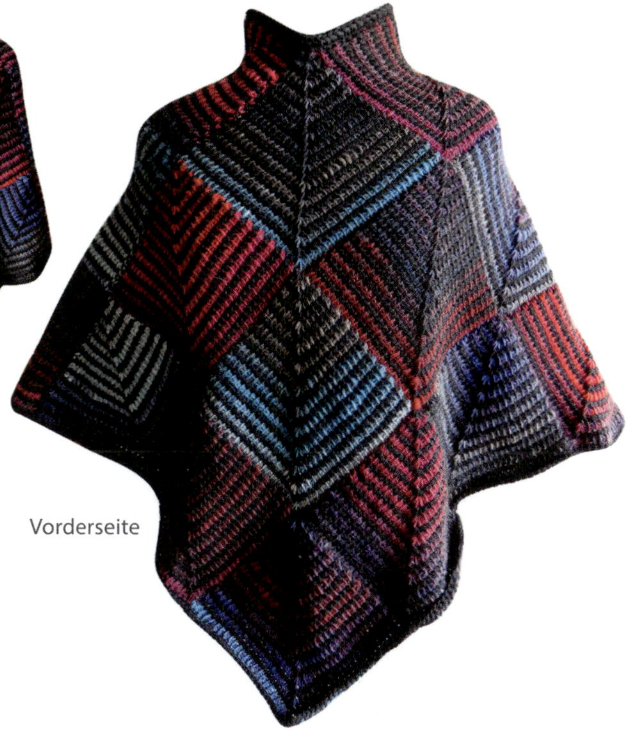

Vorderseite

MASCHENPROBE

Ein Patch mit 51 Maschen hat eine Größe von 18 x 18 cm.

Tipp

Der Halsausschnitt ist sehr halsnah, wer das nicht mag, sträkelt die Patches bitte mit 61 Maschen oder in der selbst gewünschten Größe, entsprechend verändern sich natürlich die Maße der Rechtecke.

NADELN

- Tunesische Häkelnadel Nr. 6,5 mm
- normale Häkelnadel Nr. 7 für den Halsausschnitt, Nr. 6 für den Abschlussrand

WAS MAN KÖNNEN MUSS

- Tunesischer Grundstich
- Technik der Patches
- Farbwechsel in der Hinreihe

FÜR DEN RAND

- Feste Maschen und Kettmaschen

Poncho

Es werden 2 Rechtecke gesträkelt, jedes Rechteck hat die Maße von ca. 55 cm x 76 cm.

Die Größe kann variiert werden, indem die Patches größer/kleiner gearbeitet werden und/oder mehr/weniger Patches für ein Rechteck gearbeitet werden.

Die Rechtecke in diesem Poncho bestehen aus je 12 Patches. Das nachfolgende Schema zeigt die Reihenfolge, in der die Patches gearbeitet wurden. Diese werden direkt aneinander gearbeitet und müssen nicht angenäht werden. Jedes Patch beginnt und endet mit der Noro-Wolle und in jeder Hinreihe wird die Farbe gewechselt.

Reihenfolge, wie die Patches gearbeitet werden:

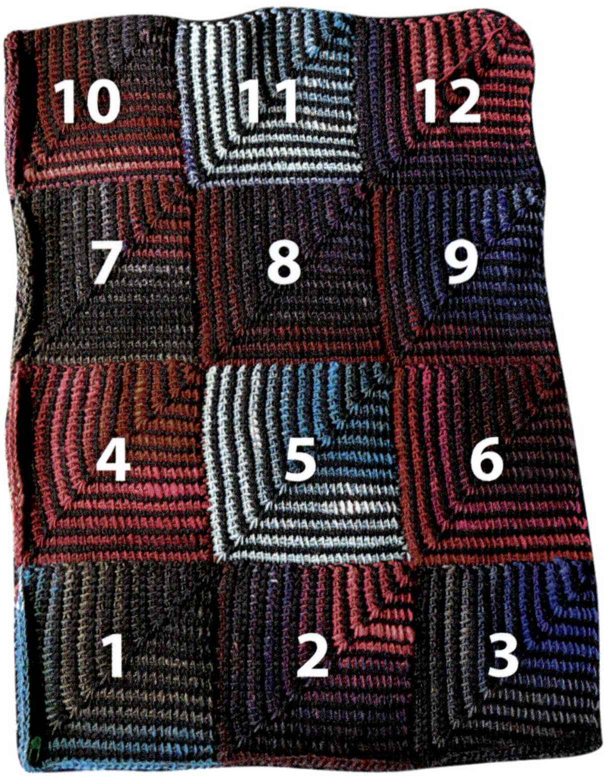

Anleitung Poncho

Patch 1: 51 Luftmaschen mit Noro Kureyon Farbe 259 anschlagen.

Die Grundreihe arbeiten, einen Maschenmarkierer in die 26. Masche setzen und in der Abmaschreihe die Schlingen vor und hinter der markierten Masche mit dieser zusammen abmaschen (der Faden wird also insgesamt durch 4 Schlingen gezogen) = 2 Maschen abgenommen.

Die nächste Hin- und Rückreihe mit der doppelt genommenen Socks sträkeln, auch hier in der Abmaschreihe die Abnahmen sträkeln.

In dieser Farbeinteilung weitersträkeln, bis das Patch fertig ist.

Patch 2: Das zweite Patch – Noro Kureyon Farbe 124 – wird direkt an das erste gearbeitet. Dafür an der rechten Ecke des ersten Patches 25 Luftmaschen anschlagen und die Schlingen auf die Nadel holen, 1 Schlinge aus der Ecke und 25 Schlingen aus der Seite des ersten Patches aufnehmen. Patch 2 – und alle anderen – wie Patch 1 arbeiten.

Die Patches werden also immer gleich gearbeitet, es wird aber zwischen den beiden Noro-Farben abgewechselt.

Patch 3: Wie Patch 2 arbeiten, aber mit Noro 259

Patch 4: Eine Luftmaschenkette mit 26 Luftmaschen anschlagen und beiseite legen. 25 Schlingen aus dem oberen Rand von Patch 1 aufnehmen, die letzte Luftmasche durch die Ecke ziehen und auf die Nadel nehmen, markieren, aus den restlichen 25 Luftmaschen Schlingen auf die Nadel holen und das Patch wie gehabt arbeiten – Farbe Noro 124.

Patch 5: Die Schlingen aus dem oberen Rand von Patch 2 und aus der rechten Seite von Patch 4 holen – Noro 259.

Patch 6: Wie Patch 5 – Noro 124.

Patch 7: Wie Patch 4 – Noro 259.

Patch 8: Wie Patch 5 – Noro 124.

Patch 9: Wie Patch 5 – Noro 259.

Patch 10: Wie Patch 4 – Noro 124.

Patch 11: Wie Patch 5 – Noro 259.

Patch 12: Wie Patch 5 – Noro 124.

Das erste Rechteck ist fertig, das zweite genauso arbeiten.

Nun werden die Rechtecke aneinandergenäht (siehe rechts oben).

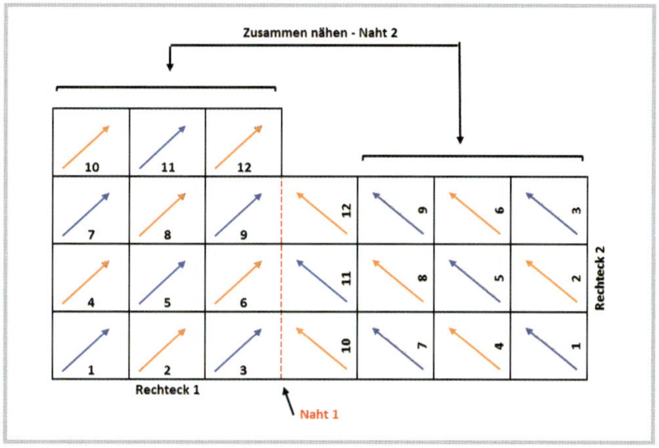

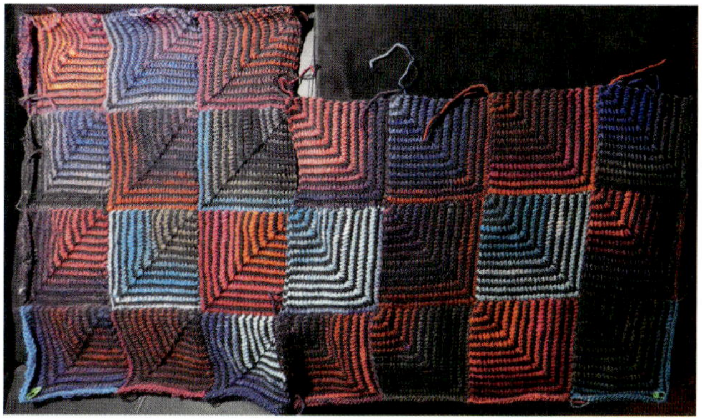

Die zwei Rechtecke werden so zusammengenäht.

Fertigstellung

Den Halsausschnitt mit Nadel Nr. 7 mit zwei Runden feste Maschen als Abschluss locker umhäkeln!

Ich habe nur beim Halsausschnitt die Fair Alpaka Socks dreifach (!) genommen.

Für den Abschlussrand des Ponchos mit Nadelstärke 6 eine Runde feste Maschen und eine Runde Kettmaschen häkeln, hier die Fair Alpaka Sock wieder nur doppelt nehmen.

Alle Fäden vernähen, die Ränder leicht dämpfen – und fertig.

Rollkragenpullover

MATERIAL

WOLLE

- 250 g Schoppel Reggae Ombre „Flussbett"
- 450 g Schoppel Reggae Ombre „Dunkle Schokolade"

NADELN

- Tunesische Häkelnadel Nr. 7, einfach und als Doppelnadel mit Seil für das Wendemuster
- Doppelnadel Nr. 6 für den Rollkragen
- Wollnähnadel

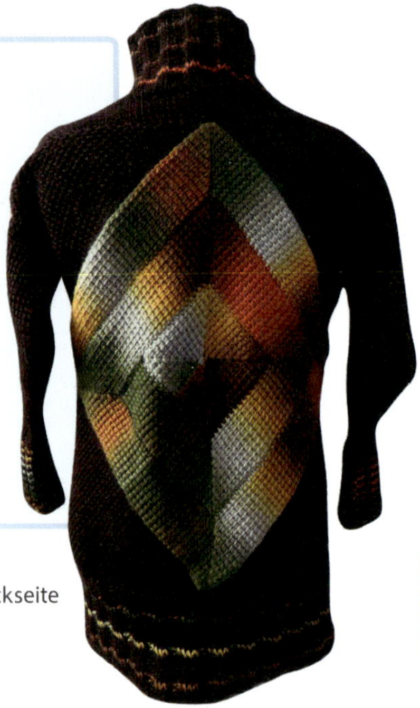

Rückseite

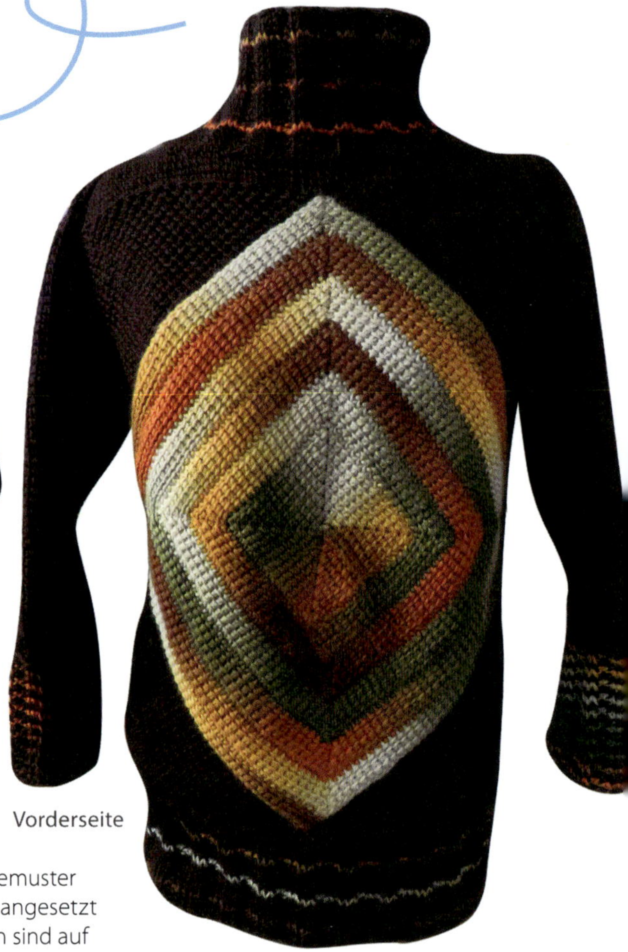

Vorderseite

Dieser Pullover hat vorne und hinten ein großes Quadrat, das Vorderteil wird in einer 5-Maschen-Spirale, das Rückenteil in einer 10-Maschen-Spirale gearbeitet.

Die Spiralen gehen beim Vorderteil über 5 Luftmaschen und pro komplette Runde sind es 5 cm mehr Breite. Ich habe erstmal 4 Spiralen in Bunt gesträkelt und das Vorderteil dann beiseite gelegt und ruhen gelassen. Anschließend habe ich mit dem Rückenteil in der 10-Maschen-Spirale begonnen.

Für den Halsausschnitt beim Vorderteil und Rückenteil wird in Uni neu angesetzt. Der Bund im Wendemuster unten wird ebenfalls nochmal angesetzt – Videos zu den Wendemustern sind auf *www.straekeln.de* zu finden.

Die Schritt-für-Schritt-Fotos dienen zur Unterstützung der schriftlichen Anleitung.

Damit der Pullover nach den persönlichen Maßen passt

Als Erstes bitte einen gut sitzenden Pullover als Muster nehmen und ausmessen, wie breit er ist (Länge kommt später dran). Das ist das Maß für das große Quadrat. Diesmal wird tatsächlich nicht zwingend eine Maschenprobe benötigt, da sich die Breite durch die Spiralen ergibt, allerdings würde ich eine machen, um zu entscheiden, wie breit die Spiralen werden sollen.

Dieser Pullover wird später nochmal benötigt, um die Armweite und die Länge zu messen!

Mittelquadrat

Bei allen Rückreihen werden keine zusätzlichen Luftmaschen gearbeitet. 10 Luftmachen anschlagen und die Schlingen holen, für die Rückreihe keine zusätzliche Luftmasche arbeiten.
1. Reihe: 9 Schlingen holen, für die Rückreihen keine zusätzlichen Luftmaschen arbeiten.
2. Reihe: 8 Schlingen.
3. Reihe: 7 Schlingen.
4. Reihe: 6 Schlingen.
5. Reihe: 5 Schlingen.
6. Reihe: 4 Schlingen.
7. Reihe: 3 Schlingen.
8. Reihe: 2 Schlingen.
9. Reihe: 3 Schlingen, die Schlingen werden aus den zusammen abgemaschten Maschen geholt.
10. Reihe: 4 Schlingen.
11. Reihe: 5 Schlingen.
12. Reihe: 6 Schlingen.
13. Reihe: 7 Schlingen.
14. Reihe: 8 Schlingen.
15. Reihe: 9 Schlingen.
16. Reihe: 10 Schlingen.

Das erste Quadrat von 4 ist fertig, die 3 folgenden auf die gleiche Weise arbeiten, ABER beim letzten Quadrat werden die Maschen abgekettet, wenn 9 Schlingen auf der Nadel sind, die letzte Reihe ist somit eine Abkettreihe und die 10. Masche also eine Kettmasche! Dann die Mittelnaht schließen.

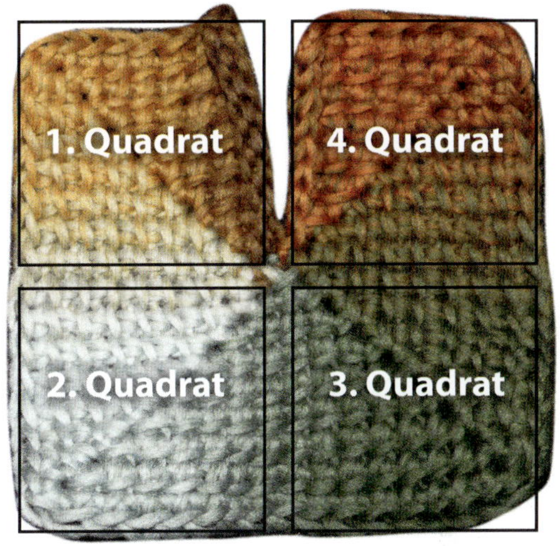

Das Mittelquadrat ist fertig, nun an einer Ecke die benötigten Luftmaschen (ich hab mich für 5 entschieden) für die Spiralen anschlagen.

Wer ohne Mittelnaht arbeiten möchte, sträkelt das letzte Quadrat einfach gerade hoch und hat dann einen offenen Spiralbeginn (also kein symmetrisches inneres Quadrat). Dann entweder in der letzten Reihe die Maschen abketten und an einer Ecke auch mit einer 5er-Spirale beginnen oder mit den 10 Schlingen wieder die verkürzten Reihen arbeiten und mit einer 10er-Spirale weitermachen.

Schritt 1 10 Luftmaschen anschlagen, Schlingen auf die Nadel holen. Für die Rückreihe keine zusätzliche Luftmasche holen, sondern den Faden holen und direkt durch 2 Schlingen ziehen.

Schritt 2 In der nächsten Hinreihe sind es dann nur noch 9 Schlingen. So für die letzte Masche einstechen.

Schritt 3 In der Art weiterarbeiten, bis noch 2 Schlingen auf der Nadel sind. Diese abmaschen (1 Schlinge) und nun wieder Schlingen aufnehmen und zwar die 2. und die 3. Beim Aufnehmen der Schlingen so durch die seitliche Masche stechen.

Schritt 4 So weiterarbeiten, bis wieder 10 Schlingen auf der Nadel sind: Das erste Viereck ist fertig.

Schritt 5 Das zweite Viereck genauso arbeiten wie das erste.

Schritt 6 Und das dritte Viereck ebenso arbeiten.

Wer eine „offene" Spirale möchte, arbeitet nun einfach in Reihen hoch. Ich möchte eine symmetrische Mitte, deshalb arbeite ich noch das vierte Quadrat.

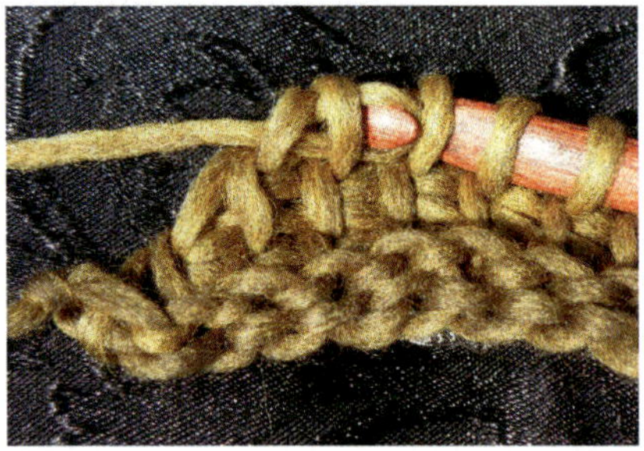

Schritt 1

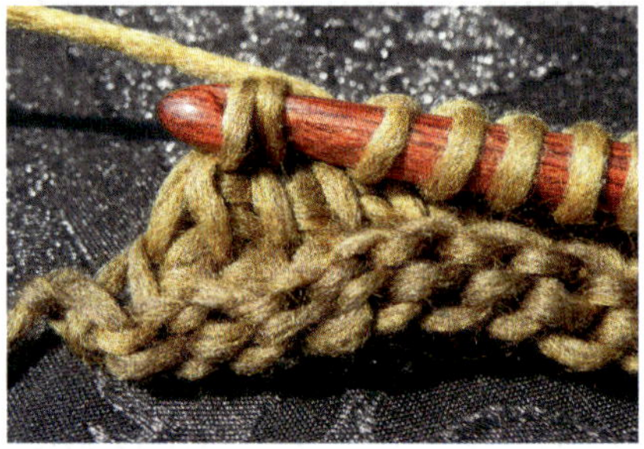

Schritt 2

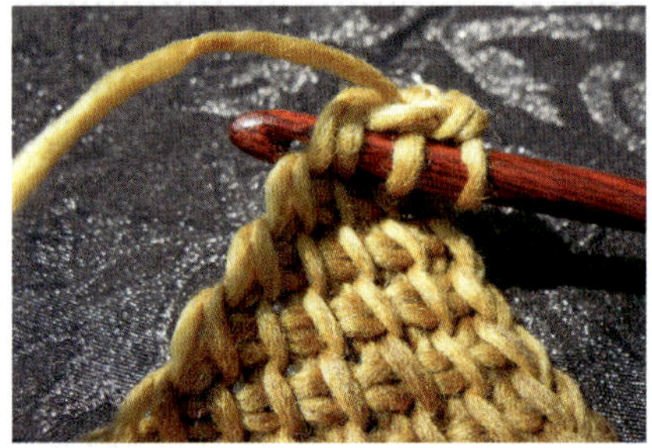

Schritt 3

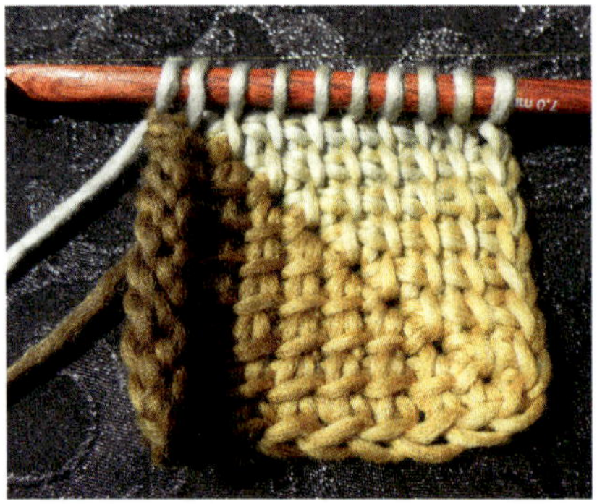

Schritt 4

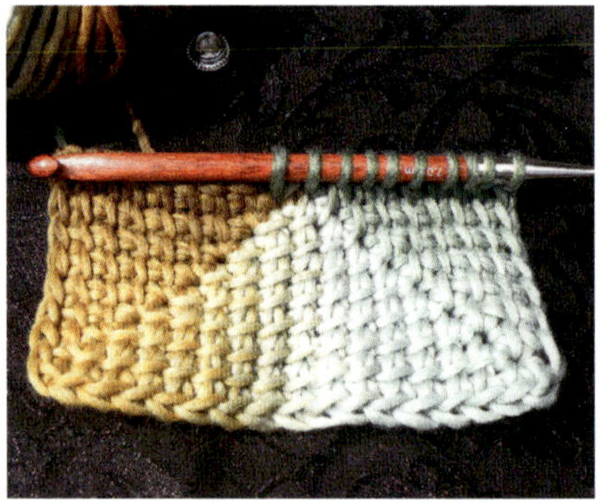

Schritt 5

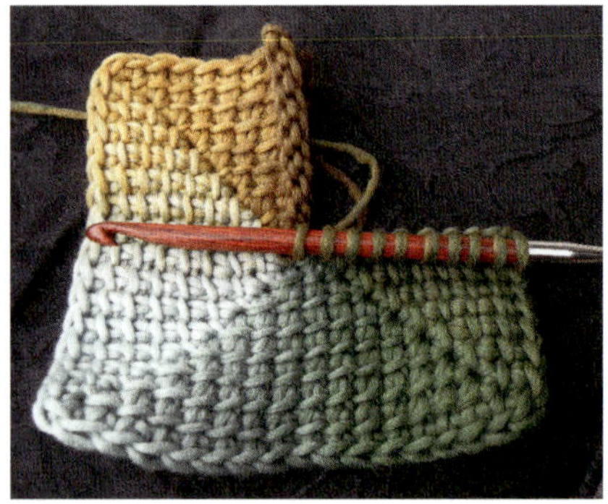

Schritt 6

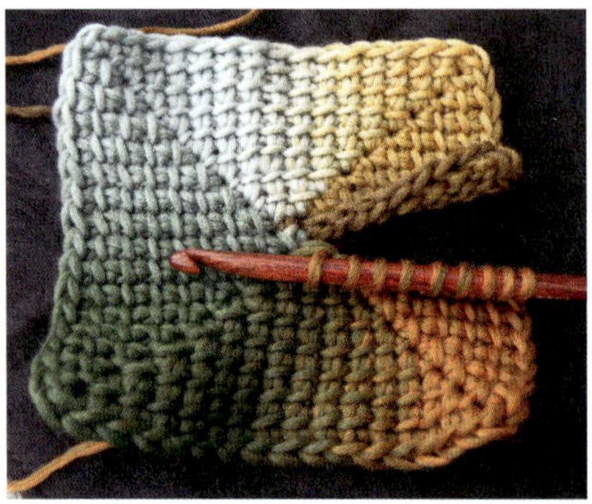

Schritt 7

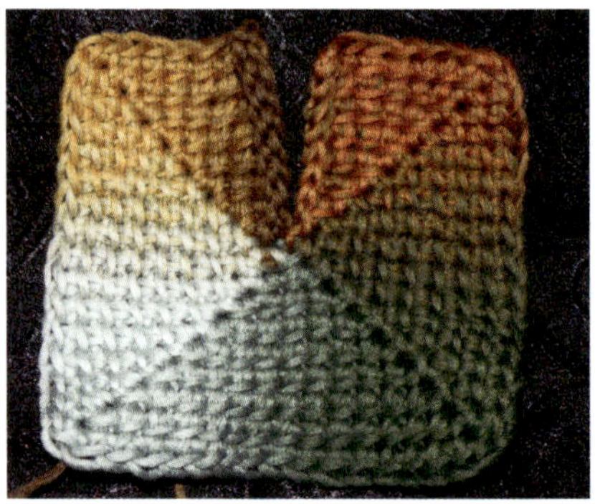

Schritt 8

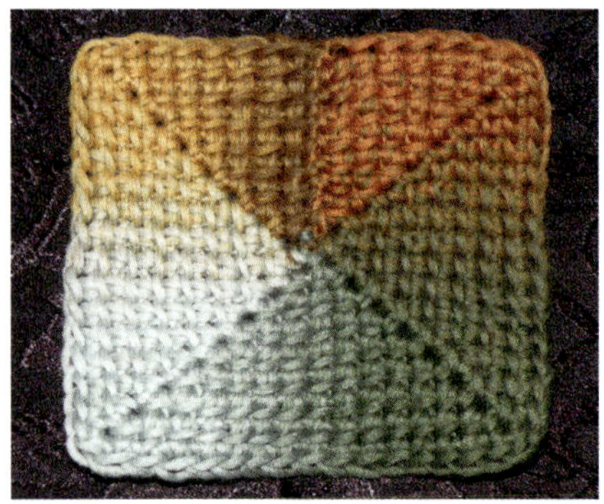

Schritt 9

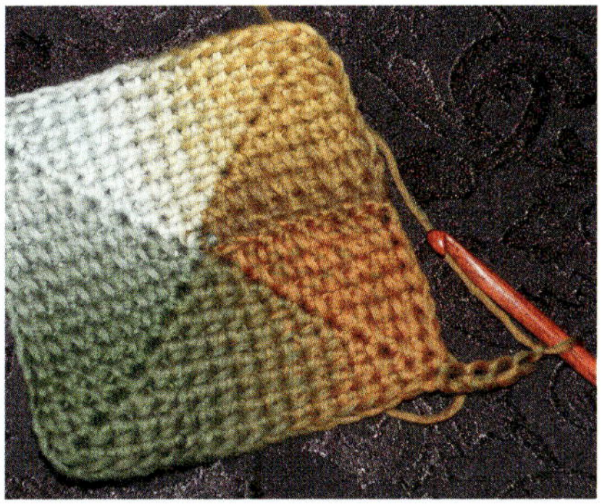

Schritt 10

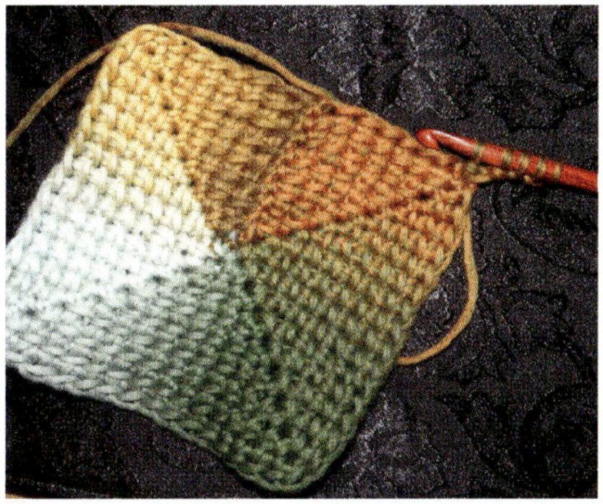

Schritt 11

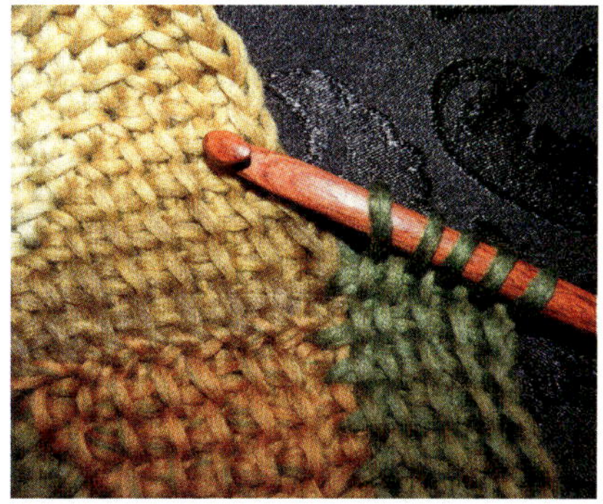

Schritt 12

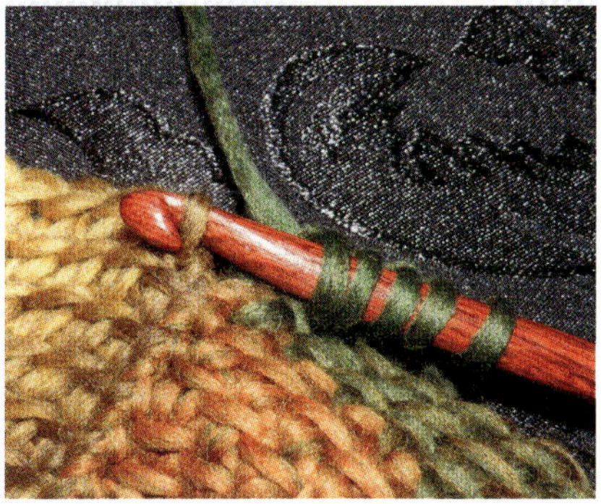

Schritt 13

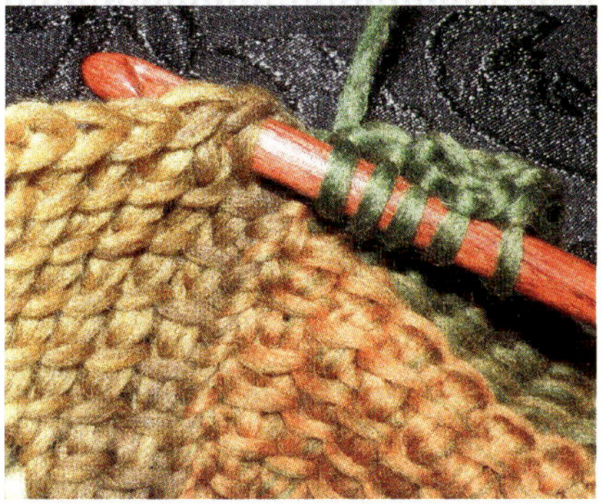

Schritt 14

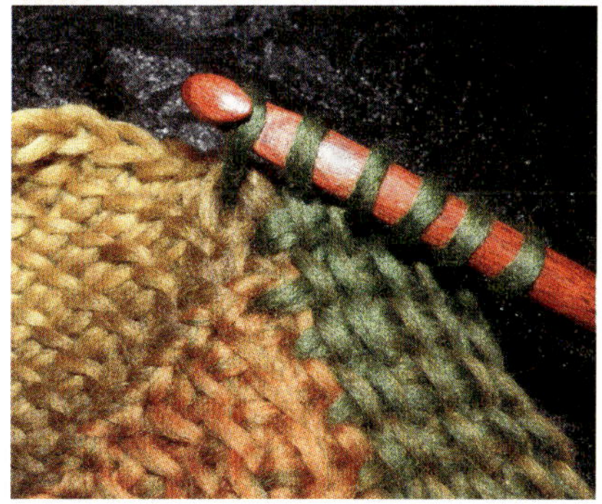

Schritt 15

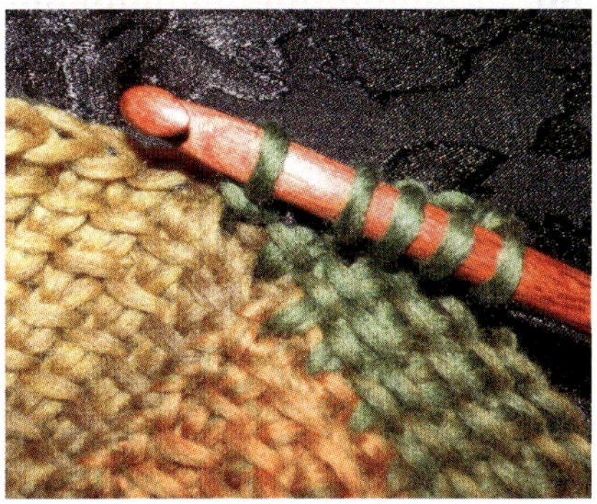

Schritt 16

Achtung!

Die letzte Reihe beim vierten Quadrat ist eine Abkettreihe! Es wird also gesträkelt, bis 9 Schlingen auf der Nadel sind, dann die Rückreihe arbeiten und die Maschen abketten. Auch die 10. Schlinge in der Mittelmasche abketten. (siehe Schritt 7)

Schritt 8 So sieht das Mittelquadrat dann aus, die Mittelnaht muss zusammengenäht werden.

Schritt 9 Das Mittelquadrat ist fertig.

Schritt 10 An einer Ecke 5 Luftmaschen (oder wie viele gewünscht sind) anschlagen (Spiralenbeginn) und die Rückreihe arbeiten.

Schritt 11 Für die Verbindung zum Mittelquadrat wird in die gleiche Lücke eingestochen, in der auch die erste Masche aufgenommen wurde.

Schritt 12 Bei den Spiralen werden immer alle 5 Schlingen auf die Nadel geholt.

Schritt 13 Die Verbindung zum Mittelquadrat OHNE Löcher entsteht, indem durch die querliegende Masche nach hinten durchgestochen wird – ich hole mir dazu immer erst das querliegende Maschenglied auf die Nadel.

Schritt 14 Dann nach hinten durchstechen und den Faden holen.

Schritt 15 Also sind kurzfristig 6 Schlingen auf der Nadel.

Schritt 16 Diese Schlinge ziehe ich durch die erste Schlinge auf der Nadel, dann immer, wie gewohnt, durch 2 Schlingen abmaschen.

Technik: Entrelac-Verbindung für die Spiralen

Beispiel: 5er-Spirale: 5 Schlingen auf der Nadel, durch die Seitenmasche des Mittelquadrates/der vorherigen Spirale stechen und die Schlinge holen. Diese durch eine Masche von der Nadel ziehen und dann weiter normal abmaschen (Schlinge holen und durch 2 Maschen ziehen).

Alternativ um die kleinen Löcher zu vermeiden: Durch die querliegende Masche des Mittelquadrates/der vorherigen Spirale stechen und die Schlinge holen.

Wer es so machen möchte, muss zwingend daran denken, schön locker zu arbeiten – sonst gibt es einen Kampf beim Durchstechen der Masche!

Schritt 1 So sieht die Reihe und die Verbindung dann aus.

Schritt 2 Hier ist markiert, wo eingestochen wird.

Schritt 3 Die Spirale hocharbeiten und dann wieder eine Ecke arbeiten, um „rum" zu kommen.

Schritt 4 So sieht dann die Ecke aus.
Schritt 5 Eine Spiralrunde ist fertig.

Schritt 6 Bei mir ergibt sich ein Maß von ca. 19 cm vom Mittelquadrat und einer Spiralrunde.

Schritt 7 Das gleiche Maß habe ich auch in der anderen Richtung.
Schritt 8 Zwischendurch immer mal wieder messen.

Schritt 9 So sieht es bisher aus.

Fortsetzung auf Seite 18

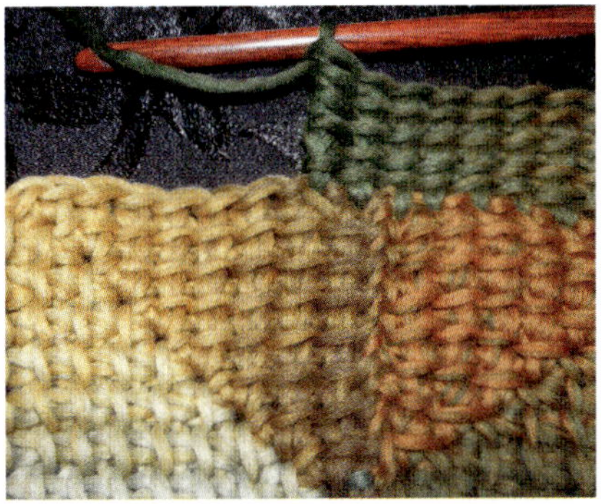

Schritt 1

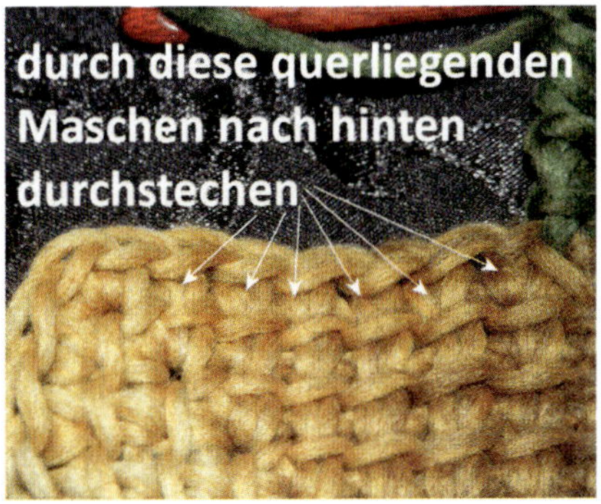

Schritt 2

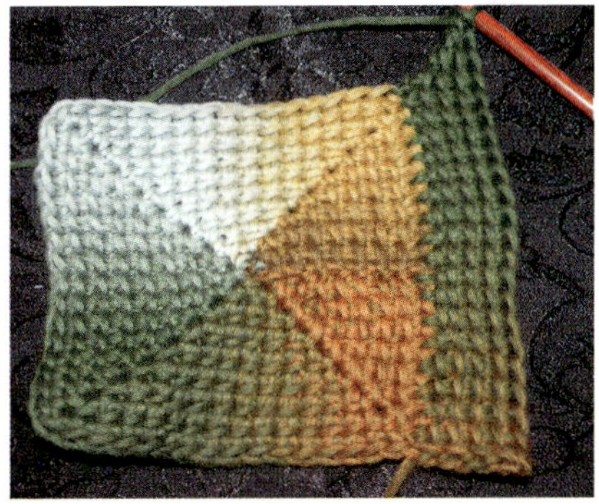

Schritt 3

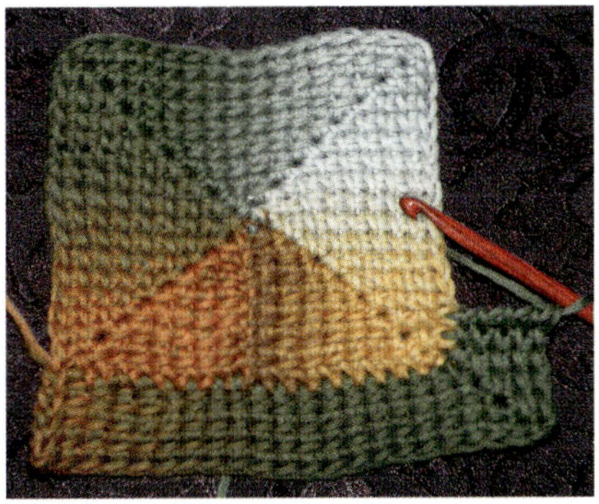

Schritt 4

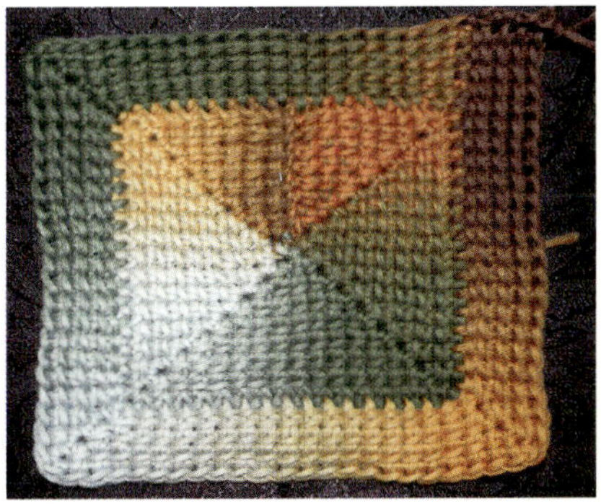

Schritt 5

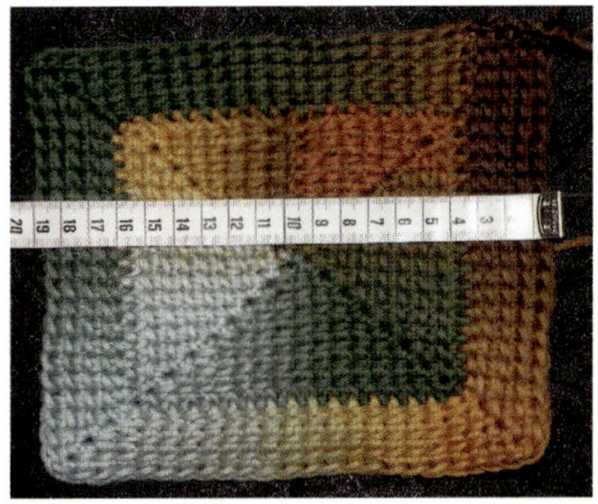

Schritt 6

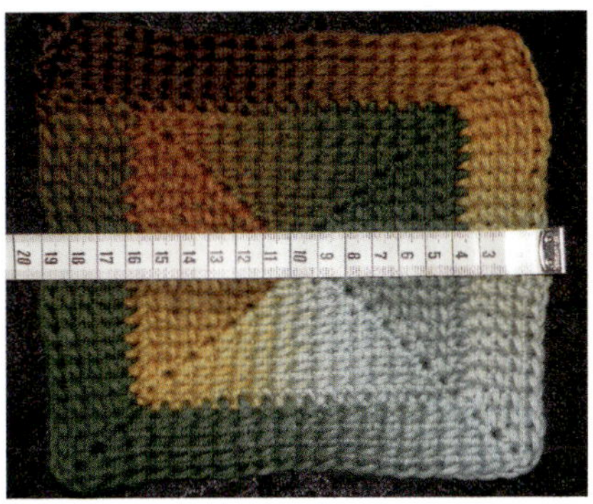

Schritt 7

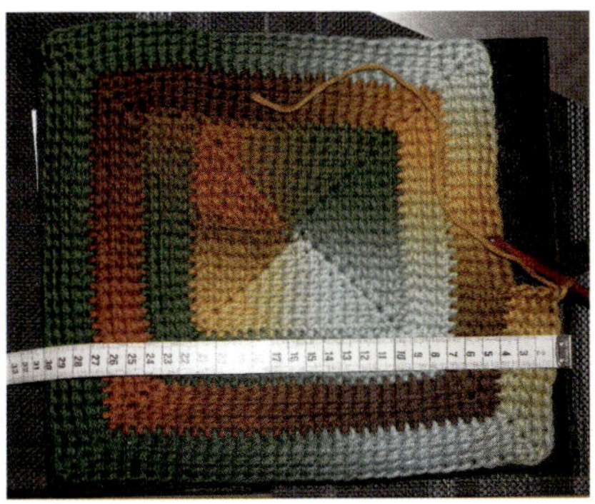

Schritt 8

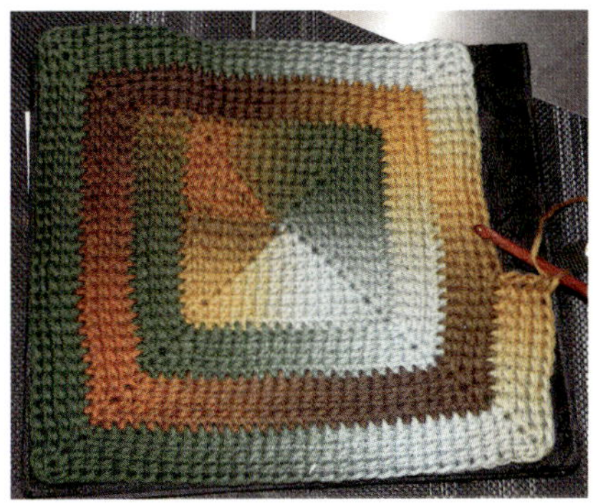

Schritt 9

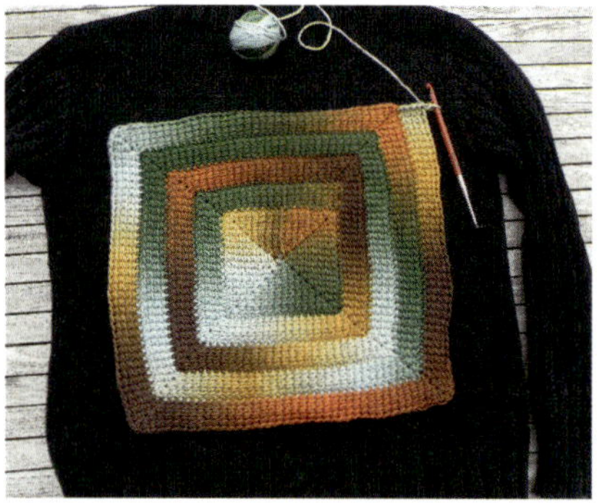

Schritt 10

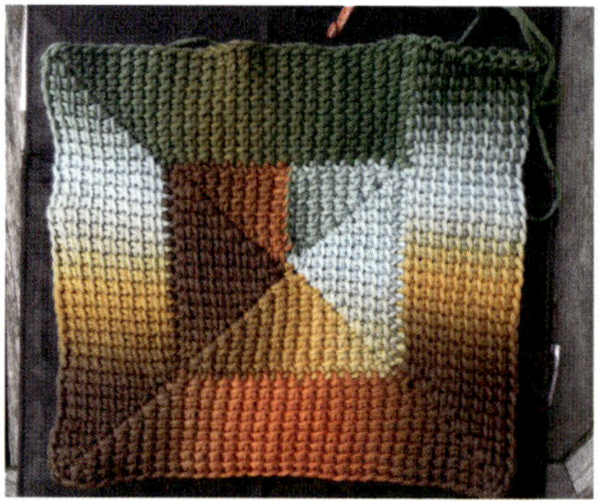

Schritt 11

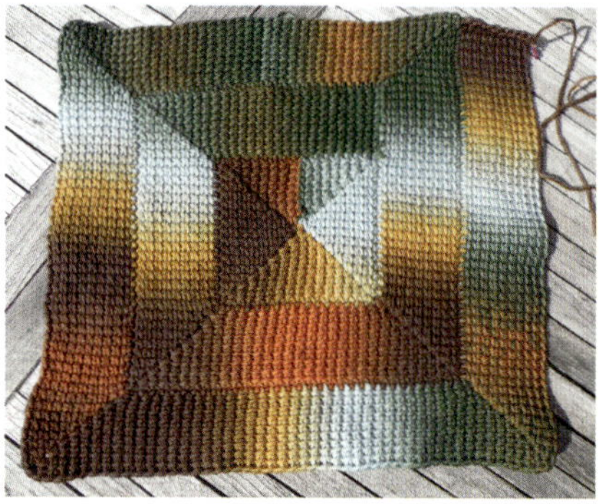

Schritt 12

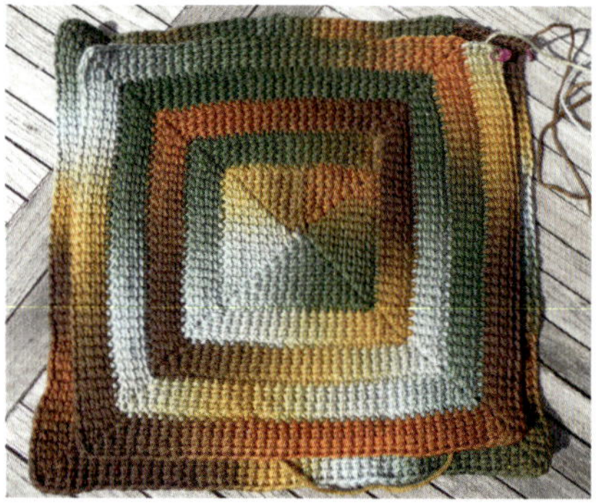

Schritt 13

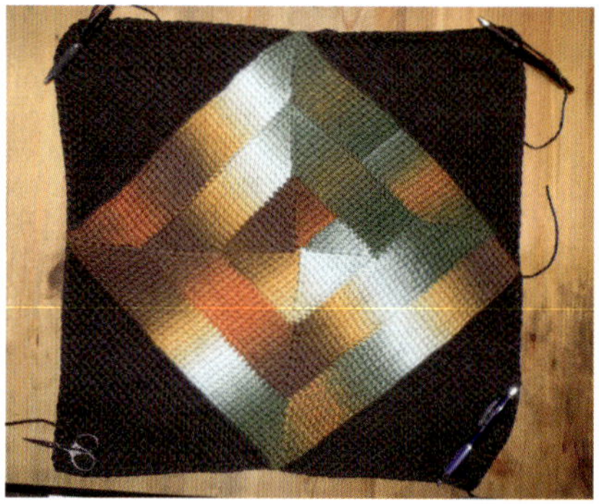

Schritt 14

Schritt 10 Nach 4 Spiralen auf dem Pulli mal die Größe kontrollieren. Ich belasse es vorerst bei 4 Spiralen und fange mit dem Rückenquadrat an.

Schritt 11 Rückenquadrat mit 10 Maschen nach dem gleichen Prinzip

Schritt 12 Das fertige Rückenquadrat

Man sollte meinen, dass die Quadrate bei 4 Spiralen mit 5 Luftmaschen und 2 Spiralen mit 10 Luftmaschen gleich groß sind. Doch das sind sie allerdings nicht, da sich das Quadrat mit der 5er-Spirale durch die Entrelac-Verbindung mehr zusammenzieht. Wenn beide Quadrate die benötigte Breite haben, geht es weiter.

Schritt 13 Beim Quadrat mit der 5-Maschen-Spirale muss noch eine Spirale dazugemacht werden.

Beim Messen ist mir aufgefallen, dass die Diagonale des Rückenquadrates ca. 52 cm ist, also hab ich mir überlegt, die Spirale auf die Spitze zu stellen, weil das mal was anderes ist.
Also sträkle ich beim Vorderteil noch eine Spirale in Bunt, dann haben beide Quadrate eine Diagonale von Spitze zu Spitze von ca. 52 cm (ungedehnt).

Aus den Seiten der Quadrate nun in Uni Maschen aufnehmen (wer nicht mit Uni kombiniert, macht einfach in der gleichen Farbe weiter). Ich habe pro Seite 49 Maschen aufgenommen, bitte darauf achten, wieder wie bei der „Verbindungsvariante" einzustechen, dann gibt es keine Löcher.

In jeder Rückreihe rechts und links je eine Masche abnehmen. Diese Abnahmen so lange machen, bis nur noch 3 Schlingen auf der Nadel sind. Diese zusammen abmaschen und den Faden durchziehen. Alle anderen Seiten der Quadrate genauso arbeiten.

Schritt 14 Alle 4 Seiten des Quadrates in Uni sind fertig.

Nun aus einer der langen Seiten des Rückenteils Maschen für den oberen Bereich aufnehmen. Die Randmaschen der Abnahmen sind ja etwas langgezogen, deshalb reicht es nicht, aus einer Randmasche nur eine Schlinge aufzunehmen (das wären auch nur 50 Schlingen und somit für eine Breite von ca. 52 cm zu wenig). Ich habe gleichmäßig verteilt 75 Schlingen aufgenommen (meine Maschenprobe sind 14 Maschen auf 10 cm). Nun zusätzlich zu dieser Aufnahmereihe noch 4 Reihen im Grundstich arbeiten, in der nächsten Reihe sind dann die Abnahmen für den Halsausschnitt dran, diese Abnahmen habe ich in der Hinreihe gemacht:

Abnahmen

1. Reihe: 22 Maschen im Grundstich, 31 Maschen Kettmaschen, 22 Maschen Grundstich.
2. Reihe: 21 Maschen Grundstich.
3. Reihe: 20 Maschen Grundstich.
4. Reihe: Alle Maschen abketten.

Also nach der Reihe mit den 31 Kettmaschen noch über 2 Reihen beide Seiten getrennt weiterarbeiten, dabei in jeder Reihe am Halsausschnitt je 1 Masche abnehmen und dann alle Maschen mit Kettmaschen abketten.

Beim Vorderteil werden nach der Aufnahmereihe nur 2 Reihen im Grundstich gearbeitet. In der nächsten Reihe die mittleren 27 Maschen abketten, dann über 4 Reihen die beiden Seiten getrennt arbeiten, dabei in jeder Reihe am Halsausschnitt je 1 Masche abnehmen und dann alle Maschen mit Kettmaschen abketten.

Also Aufnahmereihe, 2 Reihen Grundstich und dann:
1. Reihe: 24 Maschen im Grundstich, 27 Maschen Kettmaschen, 24 Maschen Grundstich.
2. Reihe: 23 Maschen Grundstich.
3. Reihe: 22 Maschen Grundstich.
4. Reihe: 21 Maschen Grundstich.
5. Reihe: 20 Maschen Grundstich.
6. Reihe: Alle Maschen abketten.

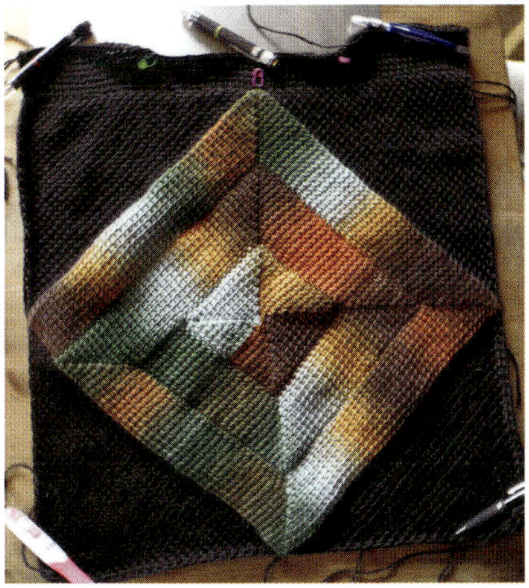
Rückenteil mit Halsausschnitt

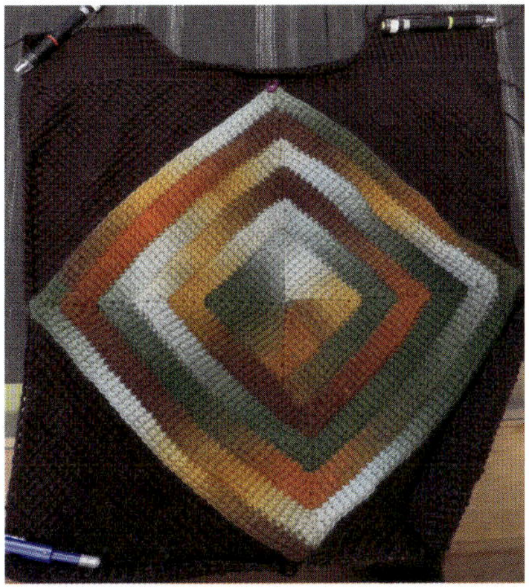
Vorderteil mit Halsausschnitt

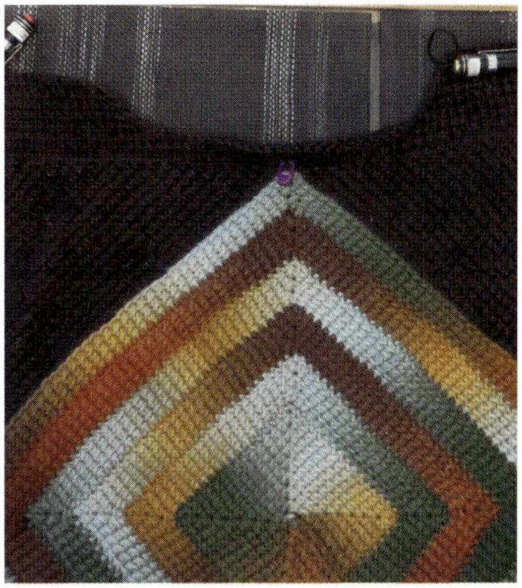
Halsausschnitt (Vorderteil)

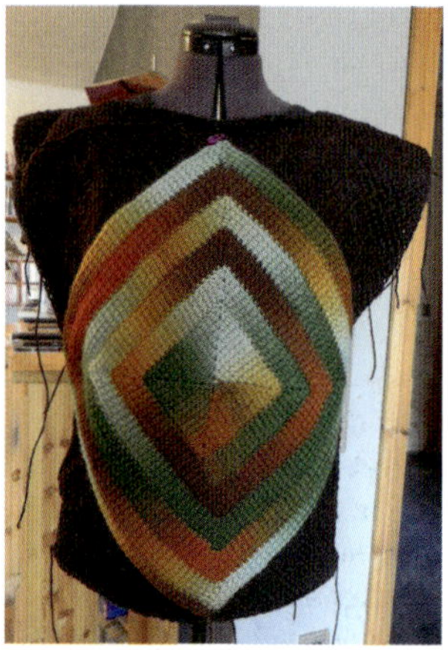
Vorderteil

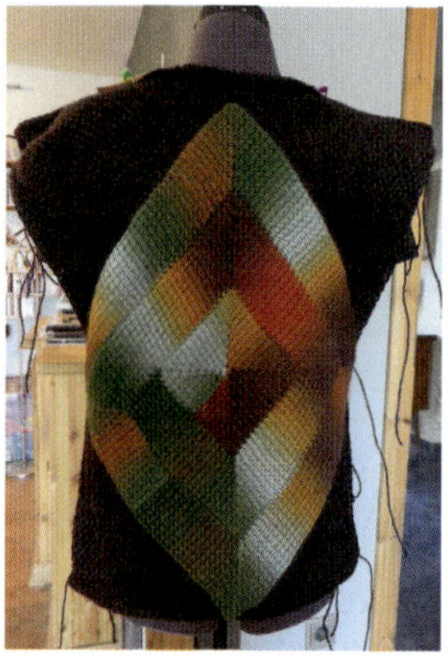
Rückenteil

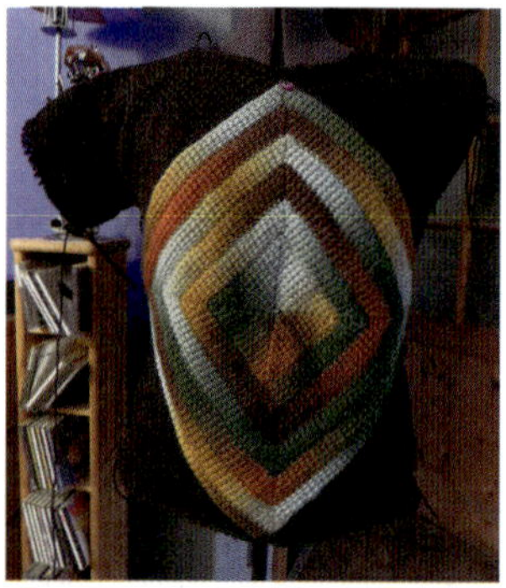
Ärmel, angeschlagen

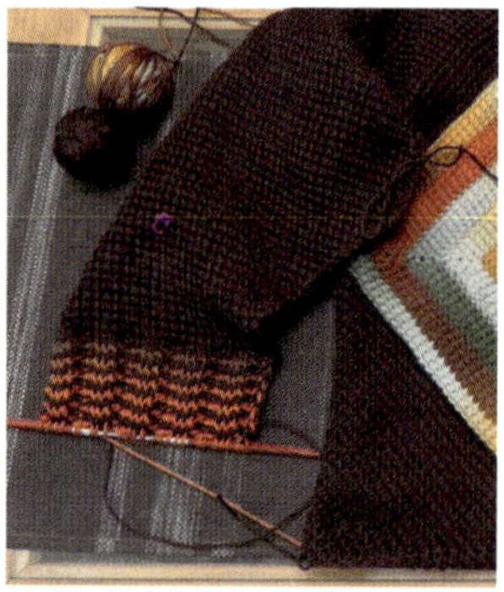
Ärmel mit Bündchen im Wendemuster

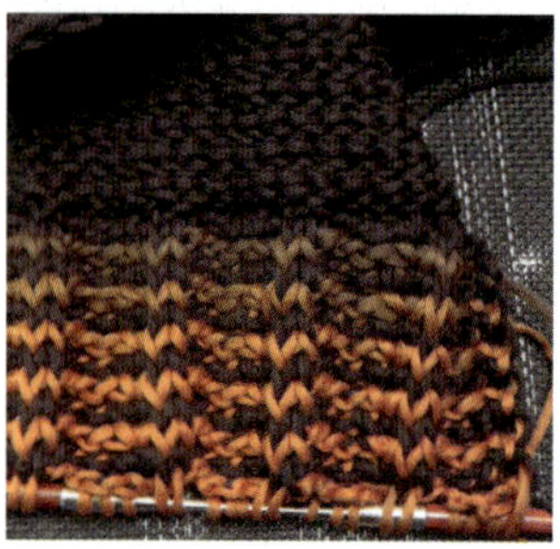
Wendemuster Rückseite

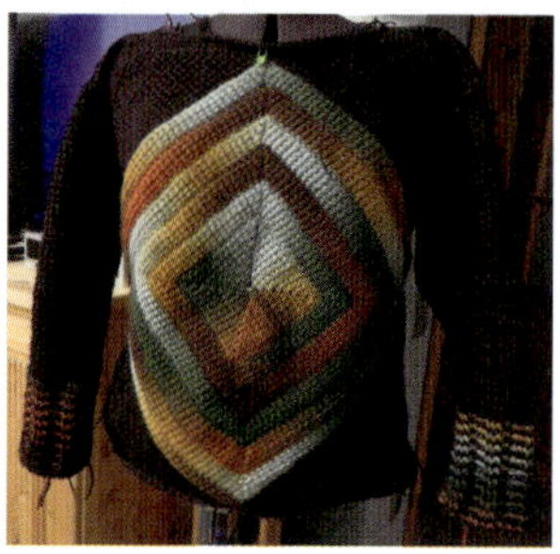
Beide Arme sind fertig

Nun werden die Schulternähte und ein Teil der Seitennähte geschlossen. Von der Schulter aus ca. 20 cm hinuntermessen und ab da die Seitennähte schließen (Maße des Muster-Ausgangspullis).

Verbrauch bisher: ca. 230 g Schoko und rund 210 g Flussbett.

Die Ärmel könnten in Runden oder in Reihen gearbeitet werden. Obwohl ich das Zusammennähen so gar nicht mag, habe ich meine Ärmel in Reihen gearbeitet, um die Bündchen im Wendemuster arbeiten zu können.

Der Ärmel soll ca. 50 cm lang werden, davon sollen 10 cm im Bündchen-Wendemuster gesträkelt werden, das heißt für diesen Pullover, ca. 40 cm in Braun im Grundstich arbeiten, davon ca. 20 cm ohne Abnahmen. Dann mit den Abnahmen beginnen, bis noch 27 Schlingen auf der Nadel sind, dann wieder ohne Abnahmen weitersträkeln, bis ca. 40 cm Armlänge erreicht sind.

Aus den Armausschnitten, beginnend an der unteren Seitennaht, 57 Schlingen auf die Nadel holen und 20 Reihen ohne Abnahmen arbeiten. Das ist in den ersten 3–4 Reihen etwas eng und „fummelig", deshalb auf jeden Fall eine Nadel mit Seil nehmen. Nach den 20 Reihen in jeder Rückreihe beidseitig je 1 Masche abnehmen, bis nur noch 27 Schlingen auf der Nadel sind. Weiter 6 Reihen ohne Abnahmen sträkeln, bis 40 cm Gesamtlänge (oder gewünschte) erreicht sind, und dann zur Doppelnadel wechseln.

Wer nicht so einen engen Arm ab dem Unterarm haben möchte, nimmt weniger Maschen ab – das bitte nach eigenem Geschmack ausprobieren.

Nun 20 Reihen im Wendemuster: * 3 Maschen Strickstich / 2 Maschen falsche tunesische linke Masche im Wechsel arbeiten, abmaschen im Muster.

* Die Maschenzahl muss teilbar sein durch 5 + 2 Maschen (das sind die beiden Randmaschen RdM).

1. Reihe des Wendemusters: RdM / 3 Maschen TKS / 2 Maschen fTPS im Wechsel / RdM.

Wenden und mit der anderen Farbe abmaschen.

2. Reihe des Wendemusters: RdM / 2 Maschen TKS / 3 Maschen fTPS im Wechsel / RdM.

Wenden und mit der anderen Farbe abmaschen.

Wer beide Seiten des Wendemusters gleich aussehend haben möchte, sträkelt 2 TKS / 2 fTPS im Wechsel, dann muss die Maschenzahl teilbar sein durch 4 + 2 Maschen. Die Abnahmen müssen dann entsprechend angepasst werden.

Rollkragen

Aus dem Halsausschnitt – beginnend an der Schulternaht – 82 Maschen mit der Doppelnadel 7 in Braun aufnehmen.

Achtung!

Da die Maschen von rechts aufgenommen werden und somit der erste Rollkragen, also die Einteilung der Maschen, von der linken Seite ist, startet der Rollkragen mit 2 Maschen Strickstich und 3 Maschen falsche tunesische linke Masche! Von der rechten Seite aus ist die Einteilung dann 3 Strickstich und 2 falsche tunesische linke Maschen. Empfehlenswert ist es auch, einen Nadelstopper zu benutzen, da die meisten Reihen nur in Braun gearbeitet werden. So verhindert man ein Durcheinanderkommen.

Für den Rollkragen werden von Reihe 5 bis 11 insgesamt 15 Maschen abgenommen, also 3 „Mustersätze".

1 Mustersatz = 3 M TKS / 2 M fTPS, von der Vorderseite aus gesehen.

Die Abnahmen so einteilen, dass sie über den Schulternähten gearbeitet werden.

Reihen 1–4: Ohne Abnahmen.
Reihe 5: 2 Maschen abnehmen, je 1 über jeder Schulternaht.
Reihe 6: Ohne Abnahmen.
Reihe 7: 4 Maschen abnehmen, je 2 über jeder Schulternaht.
Reihe 8: 4 Maschen abnehmen, je 2 über jeder Schulternaht.
Reihe 9: Wechsel zur Doppelnadel Nr. 6 – ohne Abnahmen.
Reihe 10: 3 Maschen über den Schulternähten abnehmen.
Reihe 11: 2 Maschen abnehmen, je 1 über jeder Schulternaht = 67 Maschen.
Reihe 12–20: Ohne Abnahmen.

Die Höhe nach eigenem Geschmack sträkeln, ich habe 20 Reihen für einen schönen, hohen Rollkragen gearbeitet. Die Reihen 6, 12 und 18 sind in der Farbe Flussbett gearbeitet.

Unteres Bündchen

Aus dem unteren Rand in Braun, beginnend an einer Seitennaht, 137 Maschen aufnehmen und 20 Reihen (oder die gewünschte Bundbreite) im Wendemuster 3 Maschen Strickstich / 2 Maschen falsche tunesische linke Masche arbeiten.

Achtung!

Da die Maschen von rechts aufgenommen werden und somit die erste Bündchenreihe, also die Einteilung der Maschen, von der linken Seite ist, startet das Bundmuster mit 2 Maschen Strickstich und 3 Maschen falsche tunesische linke Masche! Von der rechten Seite aus ist die Einteilung dann 3 Strickstich + 2 falsche tunesische linke Maschen. Am besten ist es auch, einen Nadelstopper zu benutzen, da die meisten Reihen nur in Braun gearbeitet werden. So verhindert man ein Durcheinanderkommen. Ich habe Reihe 6, 12 und 18 in der Farbe Flussbett gearbeitet.

Warum die Bündchen im Wendemuster und nicht in Runden?

Durch das Wendemuster sehen beide Seiten gleich aus, sodass ein Umklappen der Ärmelbündchen bzw. des Rollkragens keinen Musterunterschied macht. Bei dem unteren Bündchen wäre es egal, das klappt man ja nicht um.

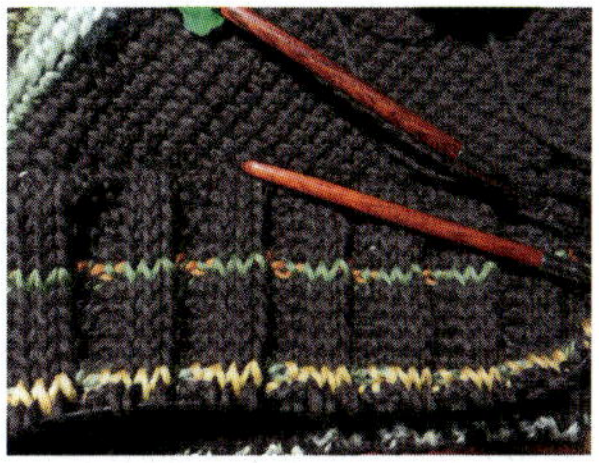
Unteres Bündchen

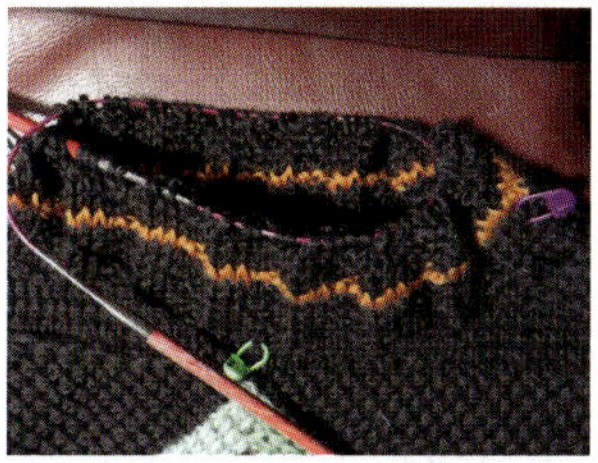
Rollkragen

Fertigstellung

Alle noch offenen Nähte schließen und die Fäden vernähen.

Warme Zehn-Maschen-Longjacke

mit Tascheneinschub, Kragen und Kapuze

MATERIAL

WOLLE

- Schoppel Reggae Ombre Kunterbunt (Fb. 1505) + Uni Schwarz (Fb 880)
- 750 g Schoppel Reggae Ombre Kunterbunt, LL: 100 m/50 g
- 450 g Schoppel Reggae Ombre Uni Schwarz, LL: 100 m/50 g

Anmerkung: Die für die Wolle empfohlene Nadelstärke ist 5–6 mm, ich habe eine Tunesische Nadel Nr. 6,5 genommen, um eine feste, dicke Jacke zu bekommen. Wer eher eine lockere Jacke möchte, sollte mindestens eine Nadel Nr. 7 oder ggf. auch Nr. 8 nehmen. Die Größe der Jacke kann durch die Anzahl und/oder die Breite der Spiralen verändert werden.

NADELN

- Tunesische Häkelnadel Nr. 6,5 mit kurzem Seil
- Tunesische Doppelnadel Nr. 7 mit kurzem Verbindungsseil für die Bündchen und den Kragen
- Wollnähnadel

WAS NOCH BENÖTIGT WIRD

- 10 Knöpfe

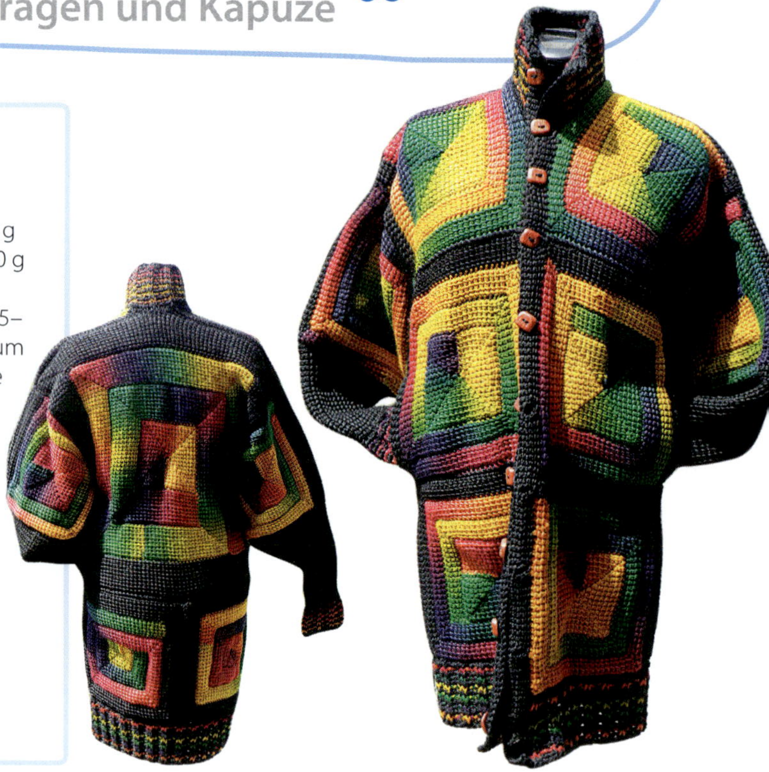

Die Jacke ist als „Kastenjacke" gearbeitet, es gibt keine Armabnahmen und auch keine Abnahmen für den Halsausschnitt da direkt ein Kragen und eine Kapuze angesträkelt werden.

Die Jacke ist als Longjacke (Kurzmantel) gearbeitet, die Gesamtlänge mit Bund beträgt ca. 86 cm und die Breite des Rückenteils macht 52 cm aus (Vorderteil 52 cm + 2,5 cm Blende) – also es ist ein richtig warmes und kuscheliges Werkstück. Wer eine kürzere Jacke haben möchte, lässt einfach die unteren Quadrate weg (vorne je Seite eine 10-Maschen-Mitte und eine 5-Maschen-Spirale und die hinteren 2 Quadrate mit 6-Maschen-Mitte und 6-Maschen-Spirale).

MASCHENPROBE

8 Dreiecke mit 10-Stitch mit verkürzten Reihen = 13 x 13 cm, 15 Maschen und 12 Reihen im Grundstich = 10 x 10 cm

WAS MAN KÖNNEN MUSS

- Luftmaschenkette
- Tunesisches Grundmuster
- Tunesische verkürzte Reihen
- Tunesische „Entrelac"-Verbindung für die Spiralen
- Tunesisches Wendemuster
- Tunesischer Strickstich
- Falsche tunesische linke Maschen im Wendemuster (ACHTUNG, die sind anders als in der Reihe!)
- Knopflöcher
- Abmaschen
- Zusammennähen
- Geeignet für Fortgeschrittene im tunesischen Sträkeln

Die Jacke besteht aus

- 1 Quadrat mit 10-Maschen-Mitte + 10-Maschen-Spirale, 2 Spiralen bunt + 1 Spirale schwarz (Rückenteil).
- 6 Quadrate mit 10-Maschen-Mitte + 5-Maschen-Spirale, 2 Spiralen bunt + ½ Spirale schwarz (Vorderteil).
- 2 Quadrate mit 6-Maschen-Mitte + 6-Maschen-Spirale, 2 Spiralen bunt + 1 Spirale schwarz (Rückenteil).
- 4 Quadrate mit 10-Maschen-Mitte + 5-Maschen-Spirale, 2 Spiralen bunt + ¼ Spirale schwarz (Arme).
- 2 Quadrate mit 10-Maschen-Mitte + 5-Maschen-Spirale, 3¾ Spiralen bunt + ¼ Spirale schwarz (Kapuze).

Die Quadrate werden zusammengenäht. Ich habe sie sowohl von vorne als auch von hinten mit dem Maschenstich zusammengenäht (die Naht wird dann fester, stabiler), dabei immer die äußeren Maschenglieder miteinander verbinden.

Der Kragen wird oben zweifarbig im Wendemuster angesträkelt. 44 Maschen anschlagen und 12 Reihen (10 cm) arbeiten. Dabei 2 Maschen Strickstich / 2 Maschen falsche tunesische linke Maschen im Wechsel, abmaschen im Muster.

Der Bund wird zweifarbig im Wendemuster angesträkelt. 132 Maschen anschlagen und 12 Reihen arbeiten, 2 Maschen Strickstich / 2 Maschen falsche tunesische linke Maschen im Wechsel, abmaschen im Muster.

Die Blende wird in Schwarz als 5-Maschen-Blende angesträkelt, die rechte Blende bekommt 10 Knopflöcher.

2 Innentaschen werden aus Kunterbunt gesträkelt, Maße ca. 13 x 20 cm (20 Maschen und 24 Reihen), die Grundreihe und die erste Reihe in Schwarz, dann mit Kunterbunt weiter.

Die extra langen Armbündchen sind zweifarbig im Wendemuster gesträkelt. 24 Maschen anschlagen und 12 Reihen (10 cm) arbeiten, 2 Maschen Strickstich / 2 Maschen falsche tunesische linke Maschen im Wechsel, abmaschen im Muster.

Die Mitte der Quadrate

Anschlag 10 Luftmaschen und Schlingen holen (für die 2 Quadrate des Rückenteils 6 Luftmaschen).

1. Reihe: 9 Schlingen holen, für die Rückreihen keine zusätzlichen Luftmaschen arbeiten.
2. Reihe: 8 Schlingen.
3. Reihe: 7 Schlingen.
4. Reihe: 6 Schlingen.
5. Reihe: 5 Schlingen.
6. Reihe: 4 Schlingen.
7. Reihe: 3 Schlingen.
8. Reihe: 2 Schlingen.
9. Reihe: 3 Schlingen, die Schlingen werden aus den zusammen abgemachten Maschen geholt.
10. Reihe: 4 Schlingen.
11. Reihe: 5 Schlingen.
12. Reihe: 6 Schlingen.
13. Reihe: 7 Schlingen.
14. Reihe: 8 Schlingen.
15. Reihe: 9 Schlingen.
16. Reihe: 10 Schlingen.

Das erste Quadrat von 4 ist fertig, die 3 folgenden auf die gleiche Weise arbeiten, ABER beim letzten Quadrat werden die Maschen abgekettet, wenn 9 Schlingen auf der Nadel sind, die letzte Reihe ist somit eine Abkettreihe und die 10. Masche eine Kettmasche!

Die Mittelnaht schließen. Das Mittelquadrat ist fertig, nun an einer Ecke die benötigten Luftmaschen für die Spirale anschlagen.

Technik: Entrelac-Verbindung für die Spiralen

Beispiel 5er-Spirale: 5 Schlingen auf der Nadel, durch die Seitenmasche des Mittelquadrates/der vorherigen Spirale stechen und die Schlinge holen. Diese durch eine Masche von der Nadel ziehen, dann weiter normal abmaschen (Schlinge holen und durch 2 Maschen ziehen).

Technik: Tunesischer Strickstich

Von vorne nach hinten durch die zwei vertikalen Maschenglieder stechen und die Schlinge holen.

Technik: Falsche tunesische linke Maschen für das Wendemuster

Diese Masche wird im Wendemuster „umgekehrt" wie der Strickstich gearbeitet, der Arbeitsfaden ist vorne, von hinten nach vorne durch die zwei vertikalen Maschenglieder stechen und die Schlinge holen.

Technik: Wendemuster

Luftmaschen mit Farbe A anschlagen und Schlingen holen, abmaschen (Grundreihe).

Schlingen holen, die Maschen auf die andere Seite der Nadel schieben, wenden und mit Farbe B die Maschen abmaschen. Mit Farbe B die Schlingen holen, die Maschen auf die andere Seite der Nadel schieben, wenden und die Maschen mit Farbe A abmaschen.

Merken

Abgemascht (also gewendet) wird immer mit der anderen Farbe als die Schlingen, die auf der Nadel sind.

Technik: Knopflöcher

Eine Schlinge ist schon auf der Nadel, eine Masche Grundstich, 2 Maschen abketten, 1 Masche Grundstich und die Verbindungsmasche zum Seitenrand arbeiten und abmaschen. Für die abgeketteten Maschen 2 Luftmaschen arbeiten. Wer möchte, kann das Knopfloch hinterher noch umnähen, damit es fester und stabiler wird.

Technik: Taschen einnähen

Die schwarze Reihe am Rückenteil der Eingriffstelle annähen, die restlichen 3 Seiten auf dem Vorderteil annähen.

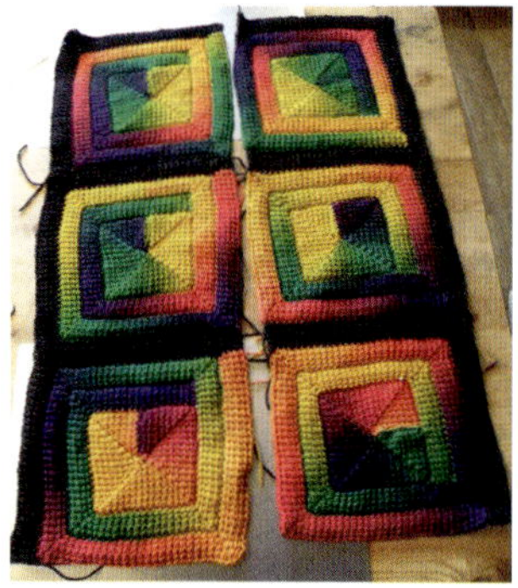

Schritt 1

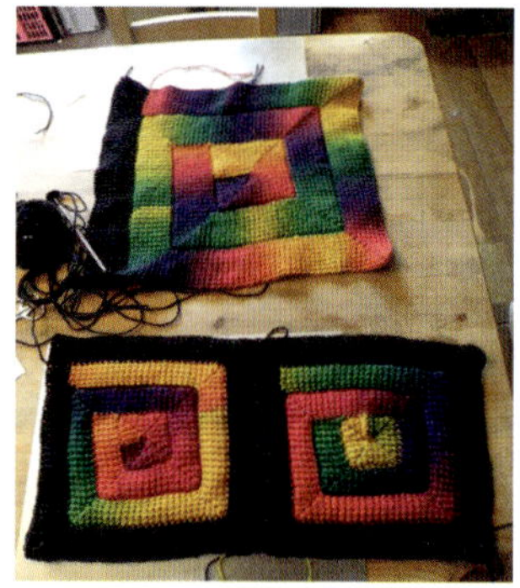

Schritt 2

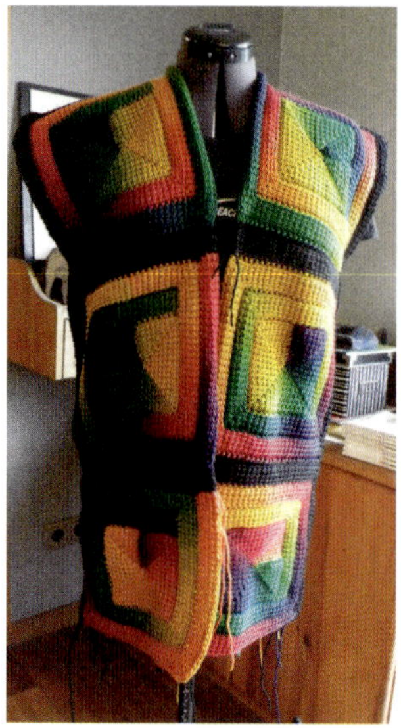

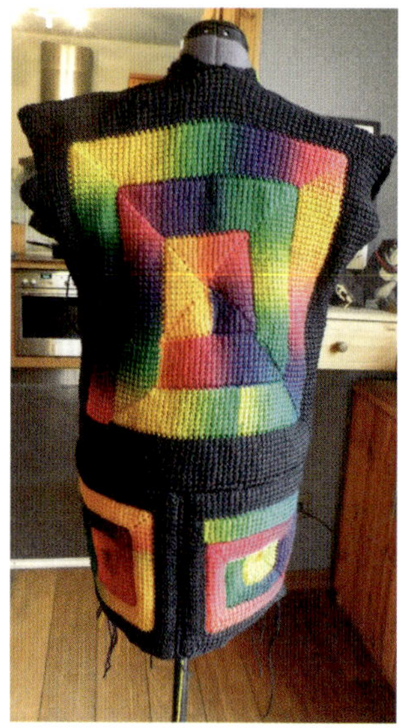

Schritt 3

Schritt 1 So wird das Vorderteil zusammengenäht

Schritt 2 Rückenteil: Wenn die schwarze Spirale fertig ist, die Teile in dieser Reihenfolge zusammennähen.

Schritt 3 Schulternähte und Seitennähte sind schon geschlossen, für Arme und für die Taschen auf gewünschter Höhe Öffnungen freilassen. Die Taschen werden auf der gewünschten Höhe folgendermaßen eingearbeitet: Die schwarze Reihe wird am Rückenteil der Eingriffsstelle angenäht, die restlichen 3 Seiten auf dem Vorderteil. Am besten erstmal mit Stecknadeln befestigen, dann wird das Annähen verständlicher.

Schritt 4 Bund und Kragen werden im Wendemuster angesträkelt

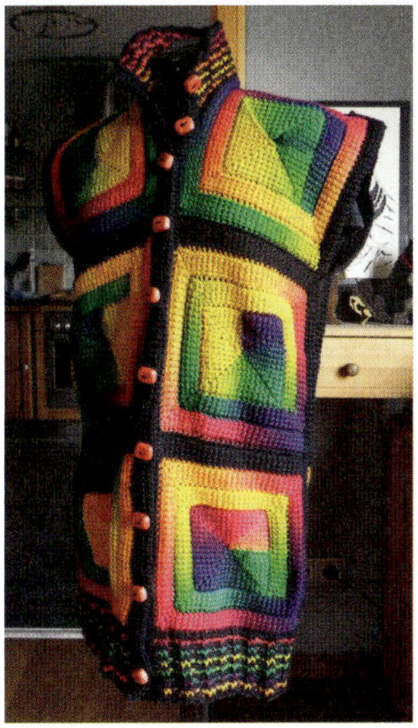

Schritt 4

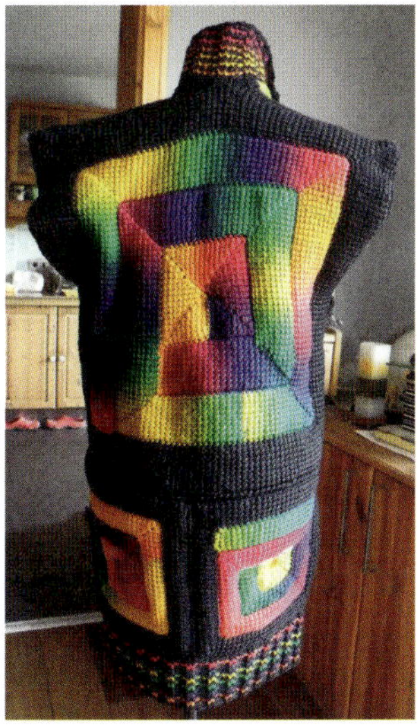

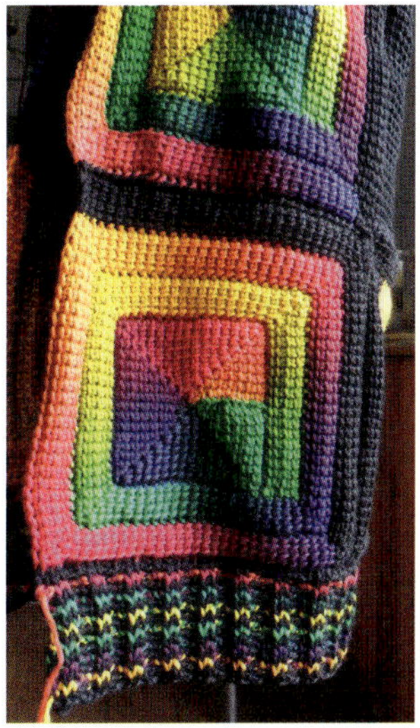

Detail vom Bündchen

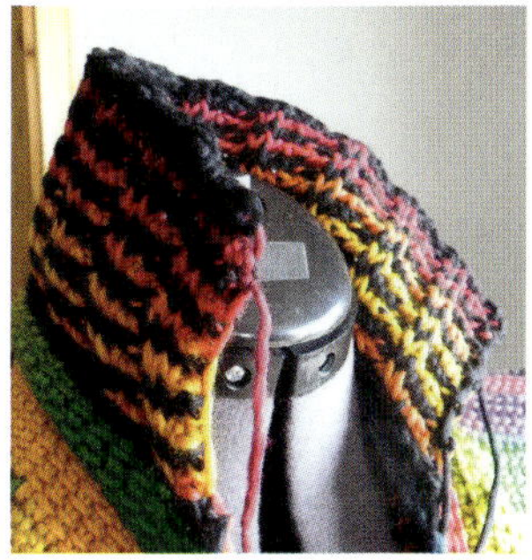

Detail vom Kragen

Ärmel (2 x)

Je 2 Quadrate mit 10-Maschen-Mitte + 5-Maschen-Spirale, 2 Spiralen bunt + ¼ Spirale schwarz.
Die Quadrate an den schwarzen Streifen zusammennähen.

Aus der bunten langen Seite 62 Maschen aufnehmen und in jeder Rückreihe beidseitig 1 Masche abnehmen, bis 32 Maschen erreicht sind, dann 8 Reihen ohne Abnahmen arbeiten, in der Hinreihe der 9. Reihe verteilt 6 Maschen abnehmen = 26 Maschen. Noch 1 Reihe mit Nr. 6,5 und dann für das Bündchen zur Doppelnadel Nr. 7 wechseln, 12 Reihen (10 cm) arbeiten, 2 Maschen Strickstich / 2 Maschen Reversestich im Wechsel, abmaschen im Muster.

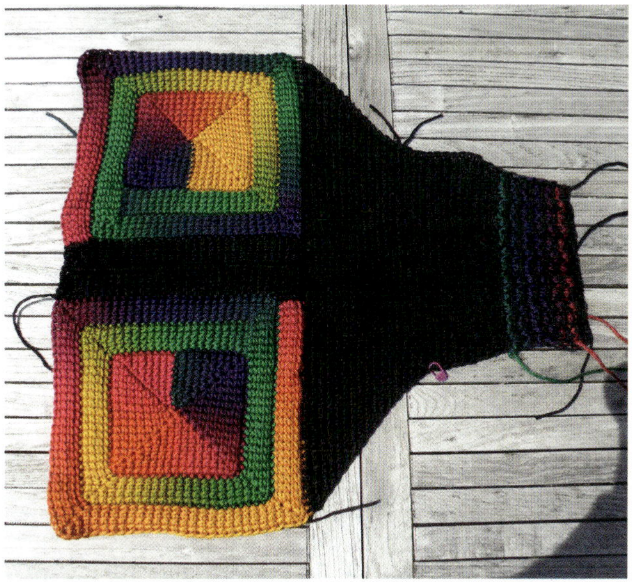

Alles zusammengenäht – wer keine Kapuze möchte, muss nur noch die Taschen einnähen und ist fertig.

Kapuze (2 x)

Das ist eine Hälfte der Kapuze, der schwarze Rand ist vorne. Beide Teile werden oben und hinten zusammengenäht, die untere Kante wird dann am Kragenbeginn angenäht.

Wer möchte, kann zum Schluss noch den schwarzen Rand mit festen Maschen umhäkeln.

Fertigstellung

Noch die Taschen einnähen, die Kapuze annähen, alle Nähte schließen und alle Fäden vernähen – fertig.

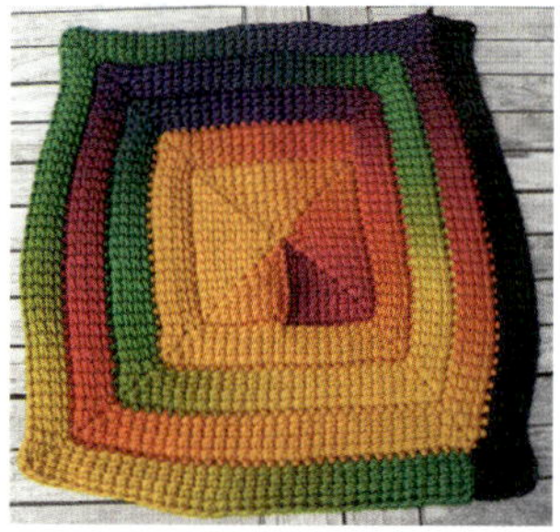

Hallbe Kapuze und ...

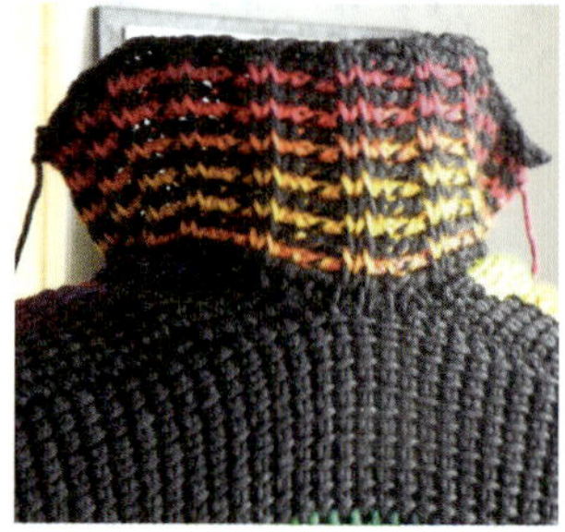

... die Kapuze rundherum am Kragen annähen.

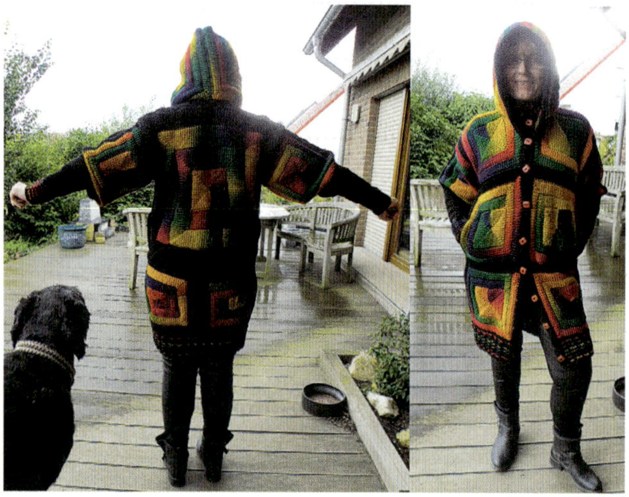

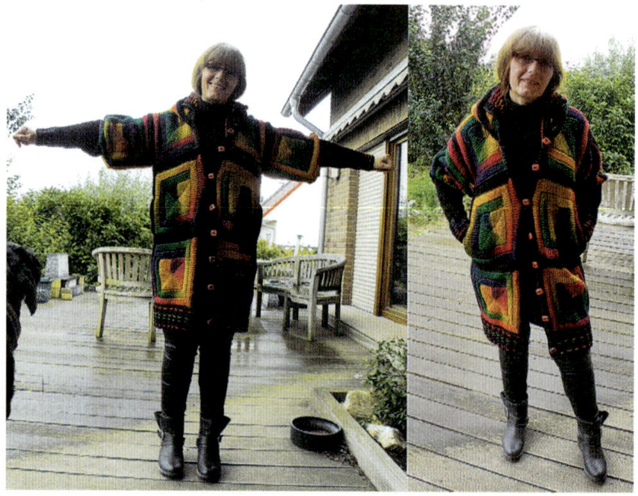

Quadratjacke als Seelenwärmer

tunesisch in Runden gesträkelt

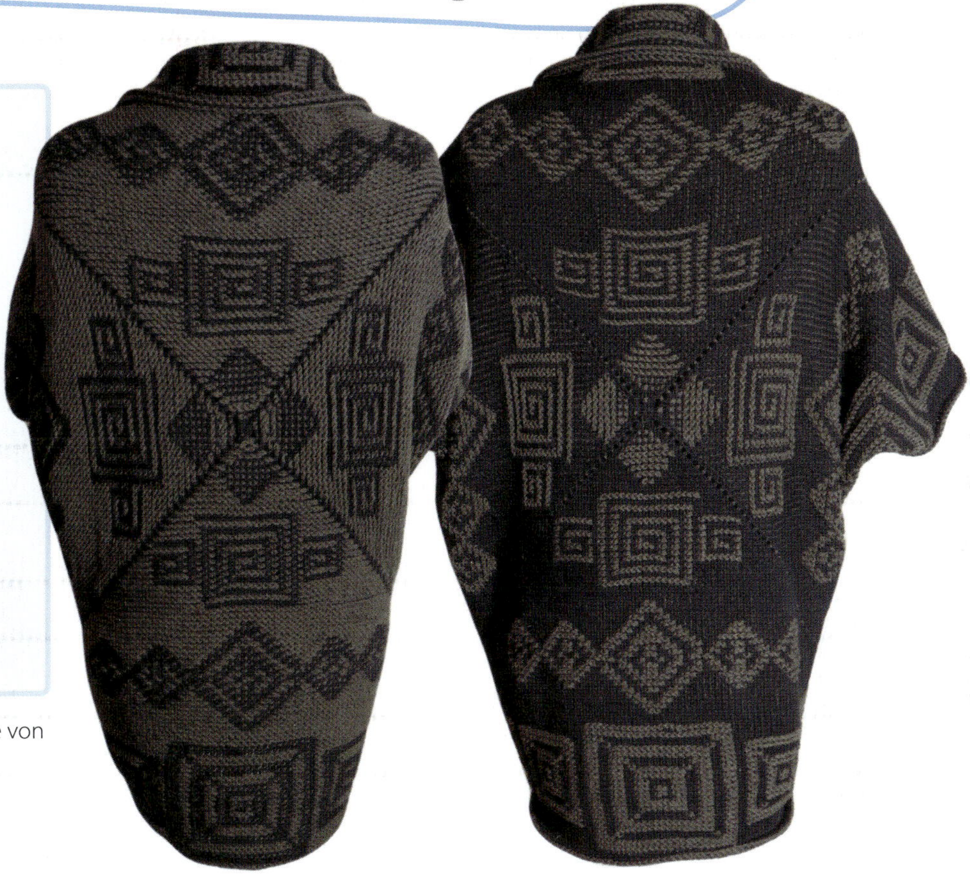

MATERIAL

WOLLE

Lana Grossa Cashcot – 85 % Baumwolle, 15 % Kaschmir, LL: 130 m/50 g – Farbe Schwarz (013) und Mokka (007)

- 350 g Schwarz
- 400 g Mokka

NADELN

- Tunesische Doppelnadel Gr. 7 – eine 15 cm lange Doppelnadel genügt, eine längere geht natürlich auch. Wichtig ist, dass sie auf beiden Seiten die gleiche Nadelstärke hat.
- Wollnähnadel

WAS NOCH GEBRAUCHT WIRD

- 1 Maschenmarkierer
- „Markierfäden" in deutlich sichtbarer Kontrastfarbe

Größe: Das fertige Quadrat hat eine Größe von 100 x 100 cm (leicht gedehnt).

MASCHENPROBE

16 Maschen und 16 Reihen = 10 x 10 cm (leicht gedehnt).

Anmerkung

Die Maschenprobe muss ebenfalls in Runden gearbeitet werden!

WAS MAN KÖNNEN MUSS

- Magic Loop oder Schlaufenanfang (s. S. 31)
- Tunesischer Grundstich – TSS
- Tunesischer Strickstich – TKS
- Tunesischer Reversestich – TRS
- Kettmaschen zum Abmaschen im Muster
- tunesisch in Runden arbeiten
- Doppelte Zunahmen (s. S. 32)
- Grafische Anleitungen lesen – die grauen Kästchen sind die Maschen, die im Reversestich gearbeitet werden, die hellen Kästchen stehen für den Strickstich.
- Zusammennähen

Grundsätzliche Hinweise

Das Quadrat wird von der Mitte aus gearbeitet, begonnen wird mit einem Magic Loop oder einer Schlaufe (Beschreibung, s. S. 31). Die Grafiken zeigen das Zählmuster **eines Viertels**, alle 4 Viertel werden gleich gearbeitet, die Übersichtskizze zeigt das ganze Quadrat.

Die „Runden" sind eigentlich Spiralrunden. Der Rundenanfang ist immer die Masche nach der 4. doppelten Zunahme einer Spiralrunde.

Die Schlingen werden mit der Farbe Schwarz aufgenommen und mit der Farbe Mokka abgemascht.

Die doppelten Zunahmen sowie die Masche vor und hinter der doppelten Zunahme werden immer im Strickstich (TKS) gearbeitet.

Die doppelten Zunahmen werden in **jeder Runde,** in der die Schlingen aufgenommen werden, gearbeitet.

Die Muster immer **mittig** an den zwei Reverse-Maschen der 9. Runde ausrichten (diese beiden „Mittelmaschen" sind in den Grafiken blau gekennzeichnet). Von dieser „Mitte aus" die Maschen nach rechts und links abzählen. Es hilft, sich mit kontrastfarbigem Garn Markierungen zu setzen.

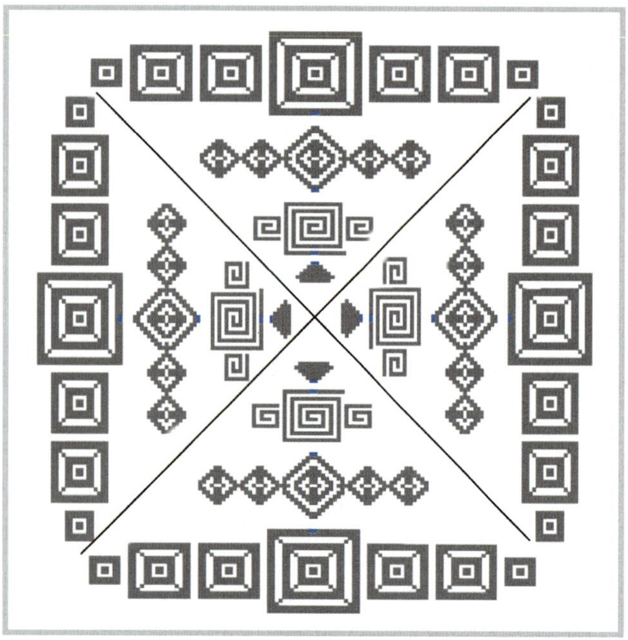

Übersichtsskizze, komplett (nicht zu 100 % maßstabgetreu)

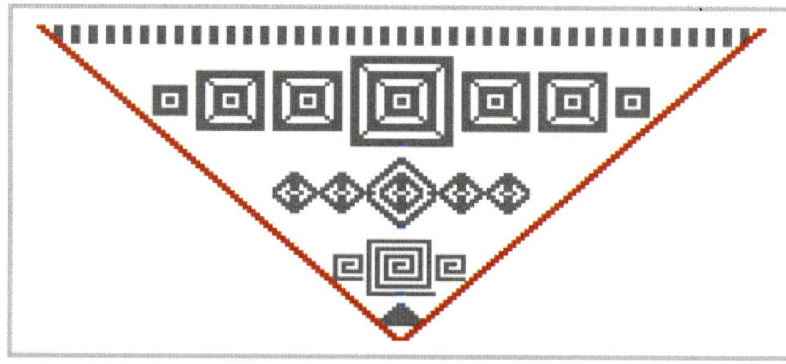

Übersicht des Mustersatzes – ¼ des Quadrates

In den Grafiken der Mustersätze sind **nur die Maschen des Musters eingezeichnet**, nicht alle Maschen eines Viertels. Die Maschen rechts und links neben dem Muster sind immer im Strickstich zu arbeiten.

Diese Jacke kann von beiden Seiten getragen werden.

Achtung!

Die doppelten Zunahmen werden in jeder Runde, in der die Maschen aufgenommen werden, gearbeitet!

Anleitung

12 Maschen in einem Magic Loop oder in einer Schlaufe anschlagen und zur Runde schließen.

1. Runde: Alle Maschen im Grundstich arbeiten (TSS), bei den Maschen 3 / 6 / 9 und 12 eine doppelte Zunahme im Strickstich arbeiten.

2. Runde: Im Strickstich.

3. Runde: Im Grundstich – die doppelten Zunahmen werden immer im Strickstich gearbeitet!

4. Runde: Alle Maschen im Grundstich.

5. Runde: Alle Maschen im Reversestich.

6. Runde: Alle Maschen im Reversestich.

7. Runde: Im Strickstich und Reversestich arbeiten. Es wird beidseitig je ein vorheriger Reversestich im Strickstich gearbeitet, das bedeutet, dass nun die Reversemaschen pro Runde um je 2 reduziert werden, bis nur noch 2 Maschen im Reversestich

gearbeitet werden – das sind die „Mittelmaschen/Orientierungsmaschen" für die folgenden Muster.
8. Runde: Wie Runde 7.
9. Runde: Wie Runde 7.
10. Runde: Alle Maschen im Strickstich.
11. Runde: Alle Maschen im Strickstich.
12. Runde: Beginn des ersten Mustersatzes, Muster mittig ausrichten.
12.–26. Runde: Siehe Grafik des ersten Mustersatzes.
27.–29. Runde: Im Strickstich.
30.–48. Runde: Siehe Grafik des zweiten Mustersatzes, Muster mittig ausrichten.
49.–51. Runde: Im Strickstich.
52.–75. Runde: Siehe Grafik des dritten Mustersatzes, Muster mittig ausrichten.
76.–77. Runde: Im Strickstich.
78. Runde: Die Maschen im Strickstich abmaschen (auch in dieser Runde an die doppelten Zunahmen denken, die einfach mit Kettmaschen gemacht werden).

Fertigstellung

Das Quadrat zu 2/3 zusammenlegen (siehe Foto) und an den Seiten zusammennähen, aber für die Armausschnitte 20 cm offen lassen! Wer möchte, kann noch einen Rand arbeiten, z. B. nur feste Maschen oder auch ein Bundmuster mit 2 Maschen Strickstich/2 Maschen Reversestich, um das leichte Einrollen zu verhindern. Ich finde das genau richtig, da so die Farbe der Innenseite als Abschluss zu sehen ist, wenn man den Seelenwärmer mit der schwarzen Seite nach außen trägt. Falls Arme gewünscht werden, aus den Armausschnitten Maschen aufnehmen und in Runden die nötige Armlänge arbeiten, da bitte selbst Länge und nötige Abnahmen berechnen.

Alle Fäden vernähen und einkuscheln.

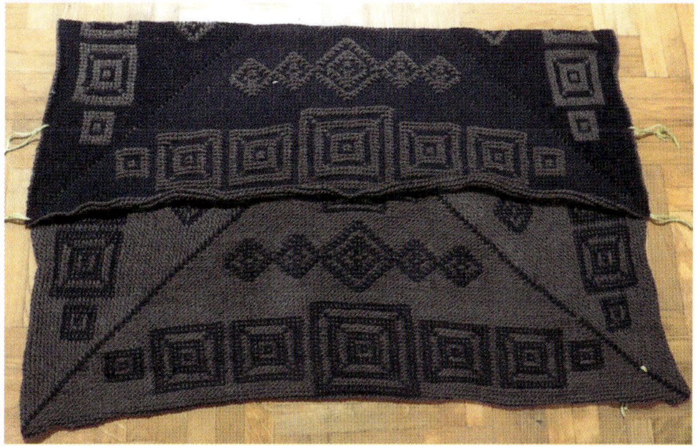

Technik: Mustersatz 1

Die blau gekennzeichneten Maschen sind nur eine Orientierung zur Ausrichtung, das sind auch Reversemaschen!!!

Die Zahlen unten geben die Gesamtmaschenzahl des Mustersatzes an.

Die Maschen rechts und links neben dem Mustersatz werden im Strickstich gearbeitet, diese sind nicht eingezeichnet!

Weiße Kästchen: Maschen werden im Strickstich gearbeitet.

Graue Kästchen: Maschen werden im Reversestich gearbeitet.

Nach Runde 29 ist das Quadrat – nicht gedehnt – ca. 40 x 40 cm groß.

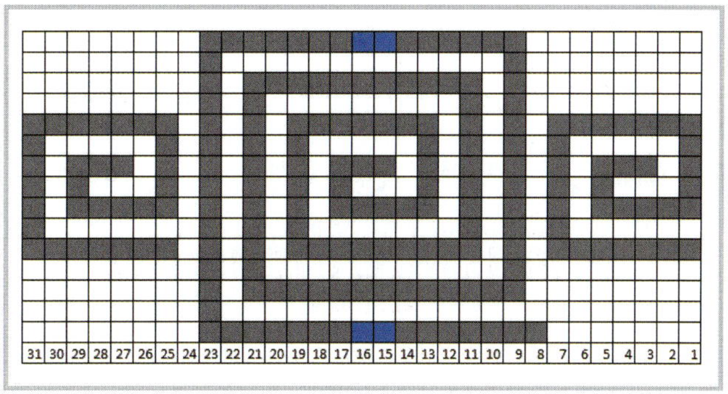

Technik: Mustersatz 2

Die blau gekennzeichneten Maschen sind nur eine Orientierung zur Ausrichtung, das sind auch Reversemaschen! Die Zahlen unten geben die Gesamtmaschenzahl des Mustersatzes an. Die Maschen rechts und links neben dem Mustersatz werden im Strickstich gearbeitet, diese sind nicht eingezeichnet!

Weiße Kästchen: Maschen werden im Strickstich gearbeitet.
Graue Kästchen: Maschen werden im Reversestich gearbeitet.

Nach Runde 48 ist das Quadrat – nicht gedehnt – ca. 62 x 62 cm groß.

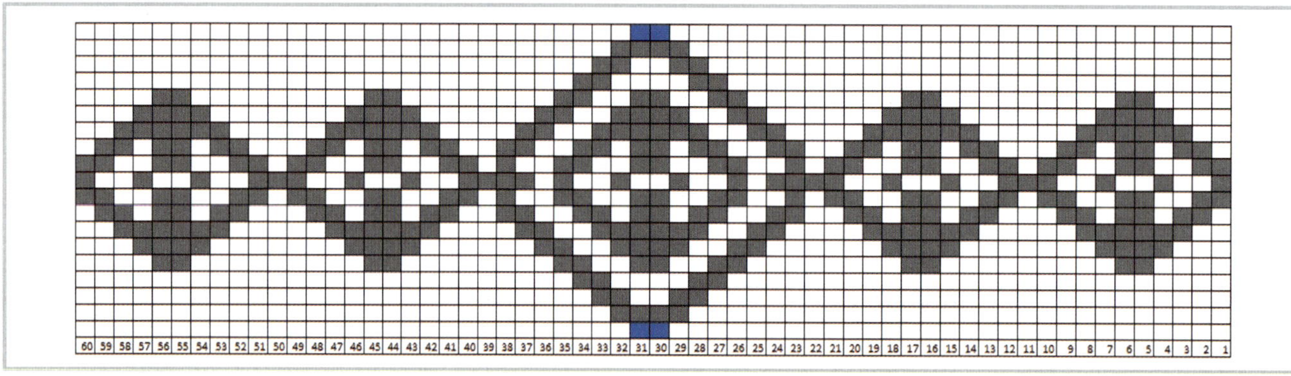

Technik: Mustersatz 3

Dieser Mustersatz geht über 116 Maschen, das große Quadrat in der Mitte erstreckt sich über 24 Maschen. Die mittelgroßen Quadrate gehen über 16 Maschen und die kleinen über 8 Maschen. Zwischen den Quadraten sind immer 2 Maschen im Strickstich.

Die blau gekennzeichneten Maschen sind nur eine Orientierung zur Ausrichtung, das sind auch Reversemaschen!

Die Maschen rechts und links neben dem Mustersatz werden im Strickstich gearbeitet, diese sind nicht eingezeichnet!

Weiße Kästchen: Maschen werden im Strickstich gearbeitet.

Graue Kästchen: Maschen werden im Reversestich gearbeitet.

Nach Runde 75 ist das Quadrat – nicht gedehnt – ca. 90 x 90 cm groß.

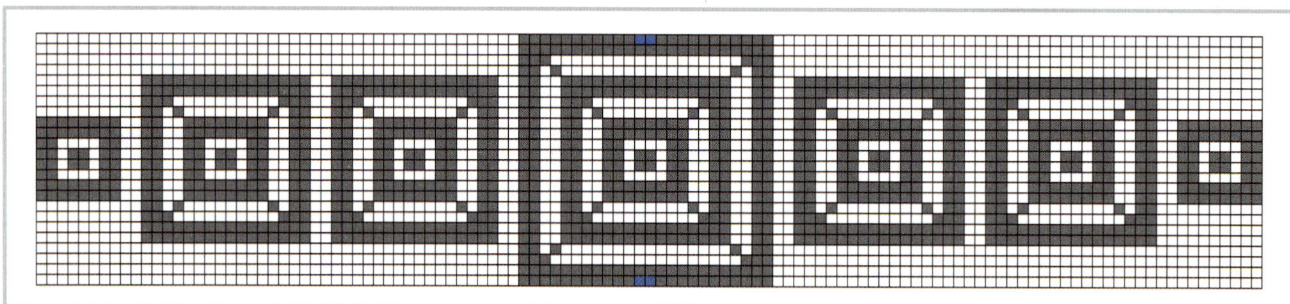

Technik: Start mit einer „Schlaufe"

Eine Schlaufe legen, die man mit dem „kurzen" Faden auf und zuziehen kann. Durch die Schlaufe stechen und den Faden auf die Nadel holen. Durch diesen Faden eine Luftmasche arbeiten, nun liegt eine Schlinge auf der Nadel. So weitermachen, bis die benötigten Schlingen auf der Nadel sind, dann die Schlaufe etwas zuziehen, damit die Runde geschlossen werden kann.

Nach ein paar Runden die Schlaufe ganz zuziehen und die beiden Anfangsfäden fest miteinander verknoten.

Schritte 1+2 Den Anfangsfaden über den Faden legen, der aus dem Knäuel kommt.

Schritte 3+4 Die Nadel von oben durch die Schlaufe führen und den Endfaden durchziehen.

Schritte 5+6 Nun mit der Nadel durch diese Schlaufe stechen und den Faden holen.

Schritte 7+8 Wenn die Schlinge auf der Nadel ist, immer eine Luftmasche darauf häkeln, sonst halten die Schlingen nicht.

Schritte 9+10 Auf diese Weise die benötigte Anzahl Schlingen auf die Nadel holen.

Schritte 11+12 Wenn man nun am Endfaden zieht, sieht man, wie sich das entstandene Loch zuzieht, endgültig wird dieses Loch erst nach ein paar Runden fest zugezogen.

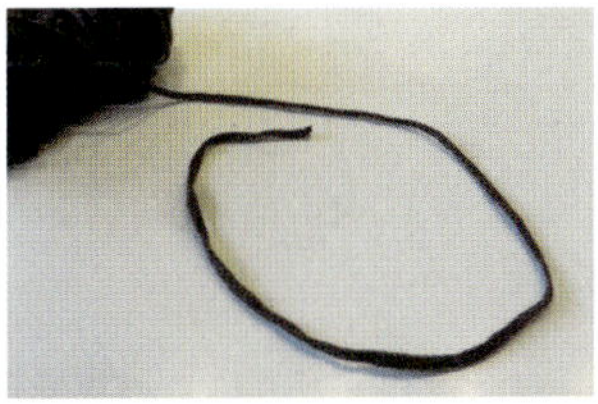
Schritt 1

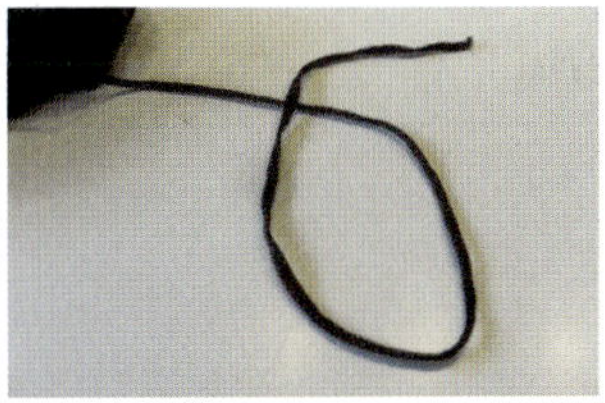
Schritt 2

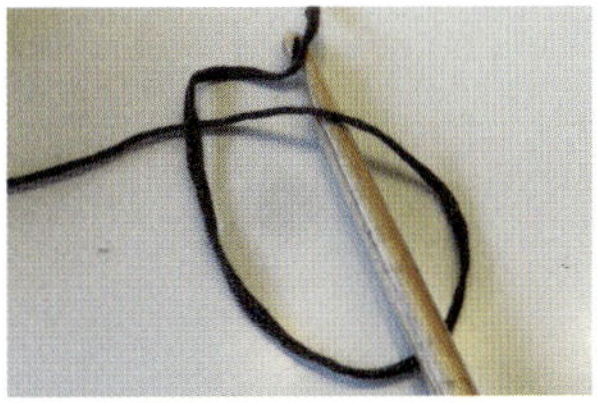
Schritt 3

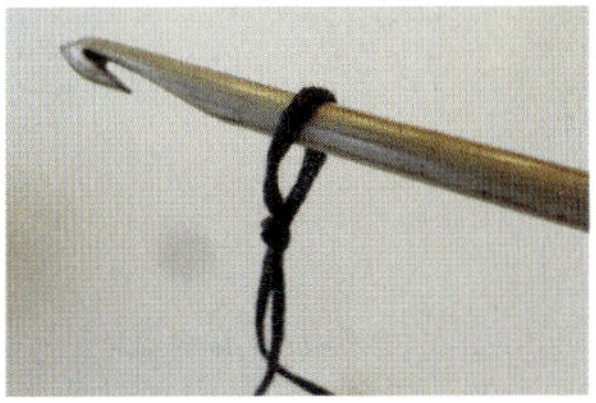
Schritt 4

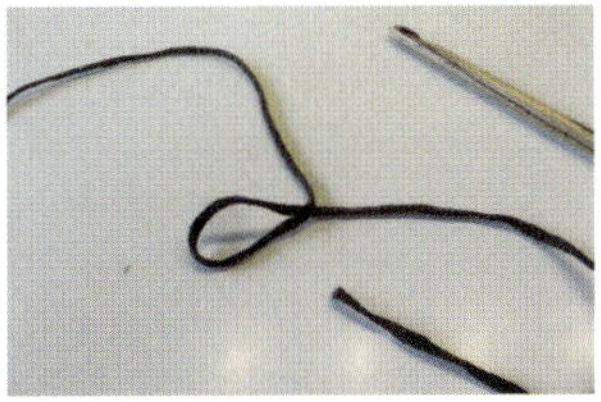
Schritt 5

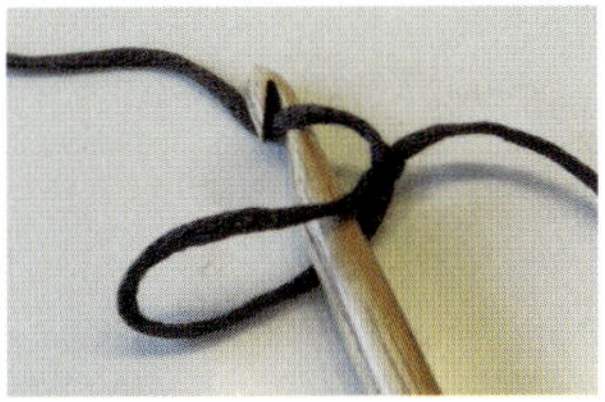
Schritt 6

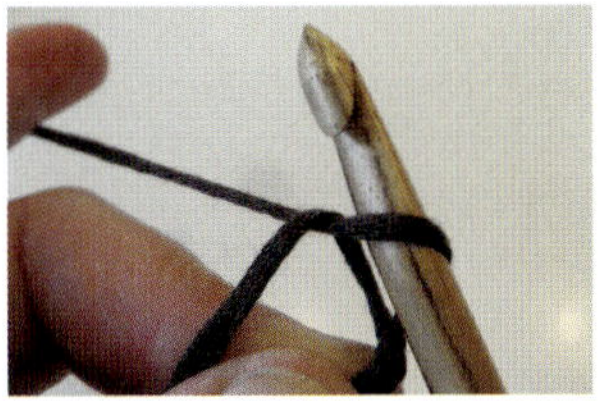
Schritt 7

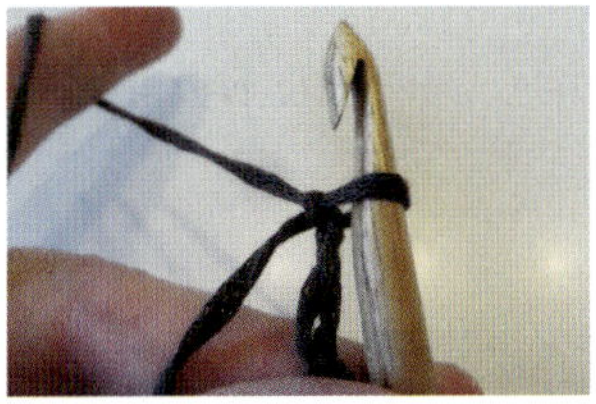
Schritt 8

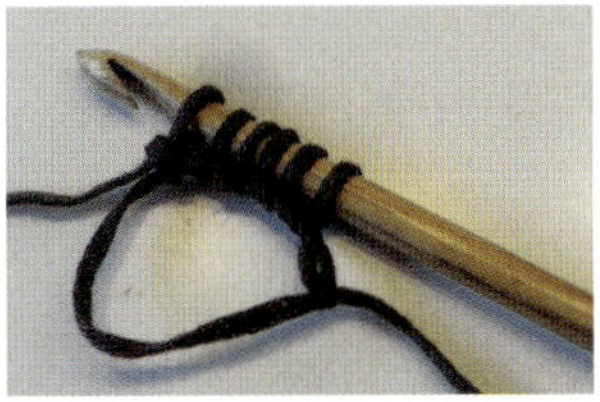
Schritt 9

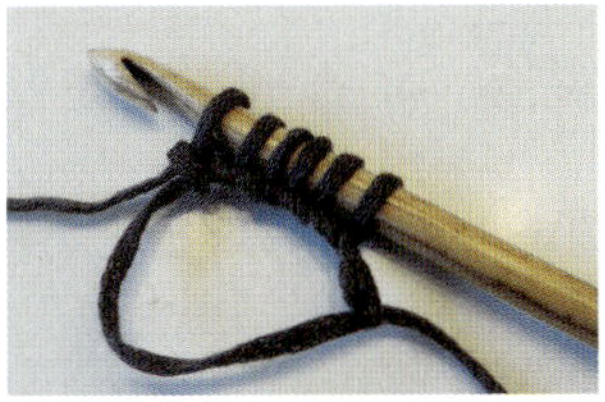
Schritt 10

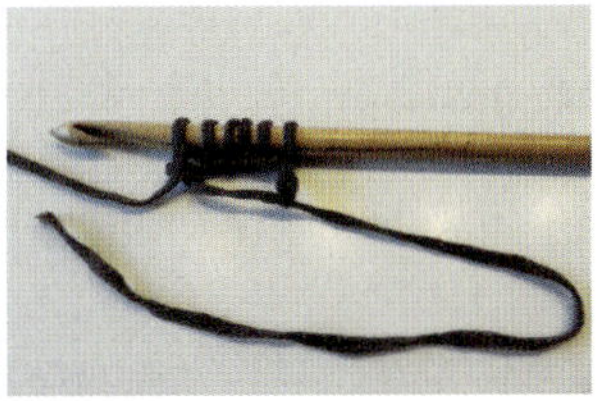
Schritt 11

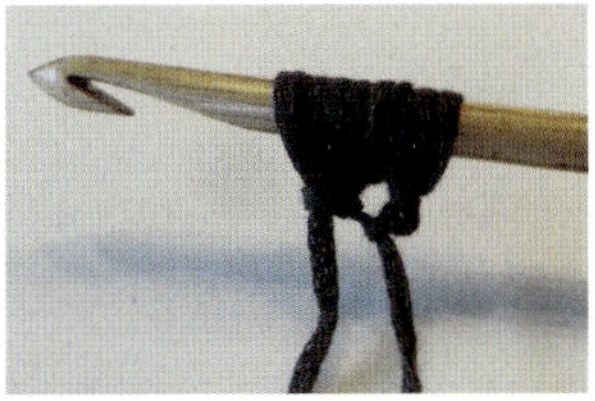
Schritt 12

Technik: Doppelte Zunahmen

In die Masche, in die die doppelte Zunahme gearbeitet werden soll, wie für den Strickstich einstechen, den Faden holen und die Schlinge auf die Nadel holen (1. Masche).

Einen Umschlag arbeiten (2. Masche).

Nochmal in die gleiche Maschen wie für den Strickstich einstechen, den Faden holen und die Schlinge auf die Nadel holen (3. Masche). So hat man aus einer Masche 3 Maschen gemacht, also eine doppelte Zunahme gearbeitet.

Die Masche, die durch den Umschlag entstanden ist, ist die Masche, in die in der nächsten Runde die doppelte Zunahme gearbeitet wird.

Schritte 1+2 In die mittlere Masche wird die doppelte Zunahme gearbeitet, die Masche davor ist im Strickstich gearbeitet.

Schritte 3+4 Durch die mittlere Masche wie für den Strickstich einstechen und die Schlinge holen.

Schritte 5+6 Einen Umschlag machen und nochmal wie für den Strickstich einstechen und eine Schlinge holen.

Schritte 7+8 Eine doppelte Zunahme ist nun auf der Nadel und die nächste Masche wird wieder im Strickstich gearbeitet.

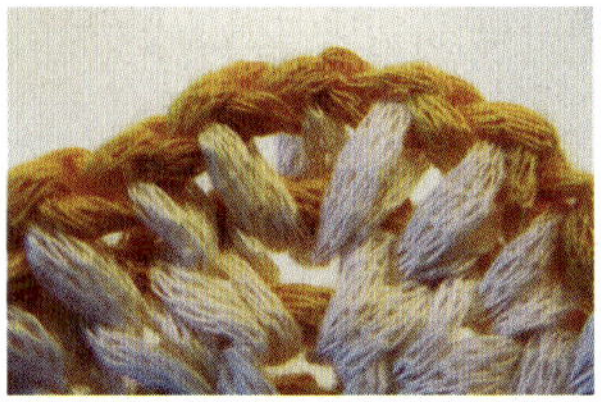

Schritt 1

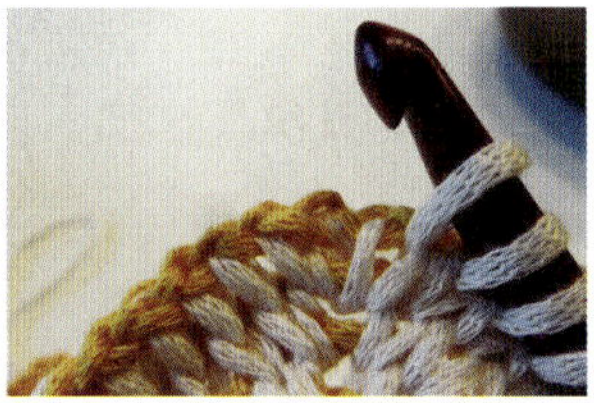

Schritt 2

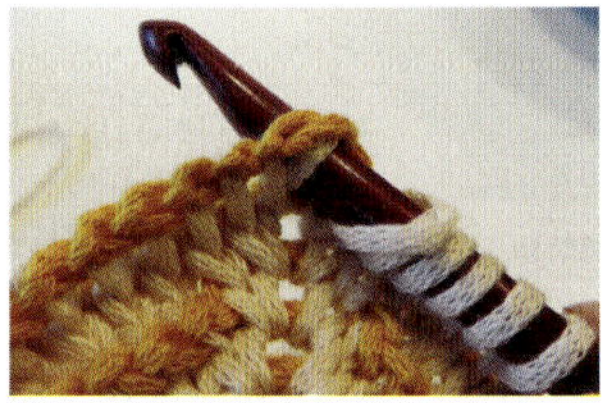

Schritt 3

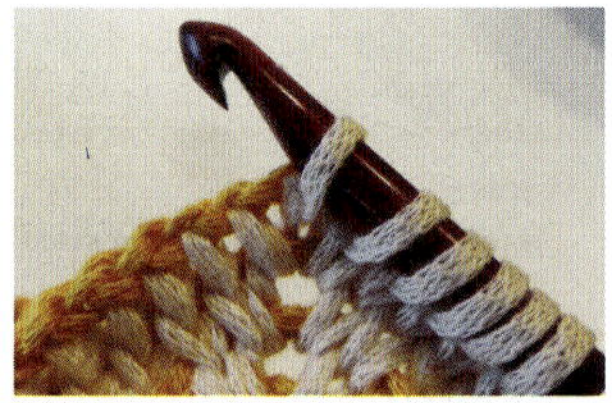

Schritt 4

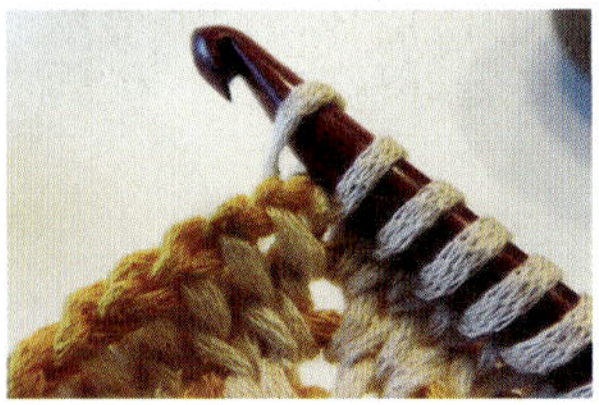

Schritt 5

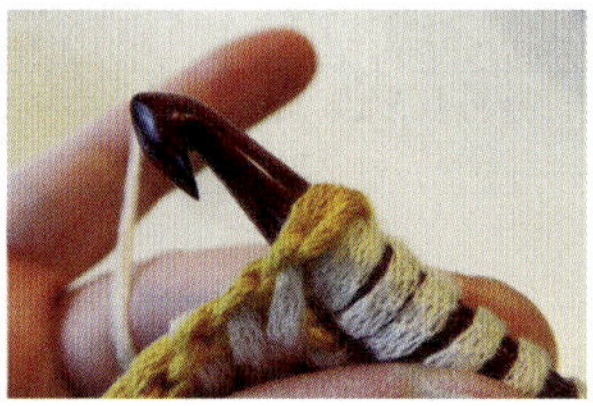

Schritt 6

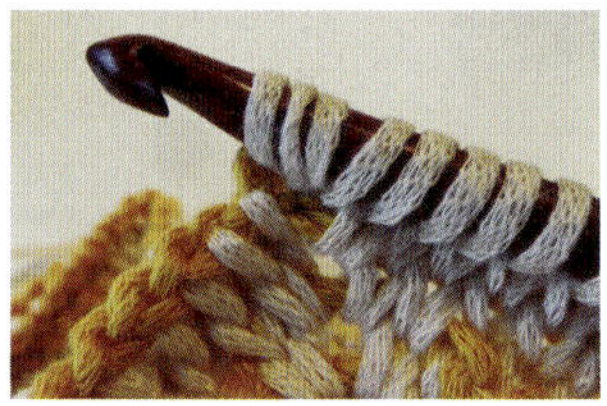

Schritt 7

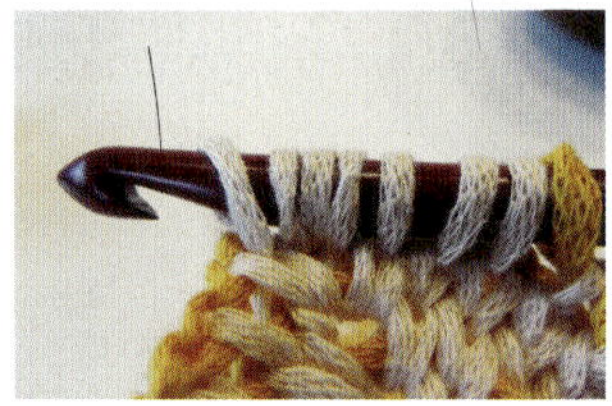

Schritt 8

Das Quadrat

Der Beginn – Runde 1–11: der Rundenbeginn ist mit einem Maschenmarkierer gekennzeichnet.

Runde 1–26: die mittleren Orientierungsmaschen sind mit einem Kontrastfaden gekennzeichnet.

Man sieht sehr schön, dass es keinerlei Spannfäden gibt, weil in Spiralrunden gearbeitet wird. Der Reversestich kippt die Farbe des Abmaschfadens nach vorne – so entsteht das Muster.

Runde 1–48: auch hier sind die Orientierungsmaschen gekennzeichnet.

Die Markierungen für den 3. Mustersatz, bei dem es besonders wichtig ist, vor dem Beginn die Maschen sorgfältig auszuzählen.

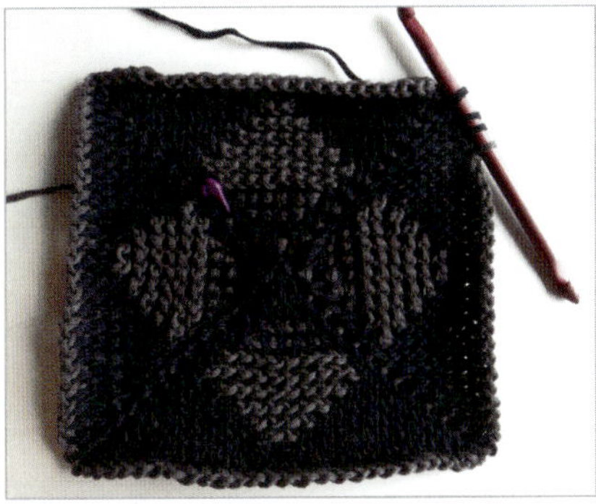

Runde 1–11

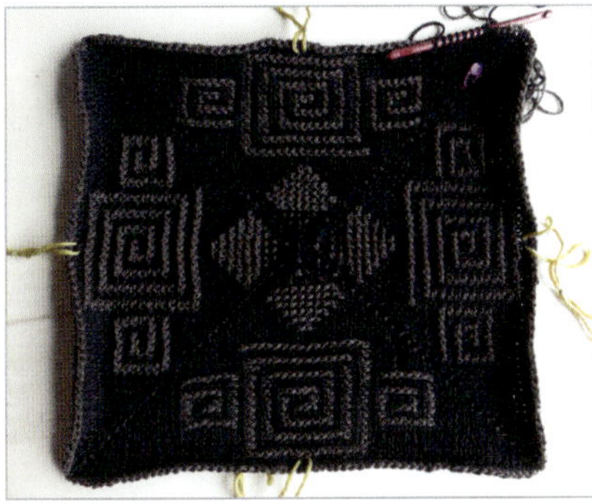

Runde 1–26

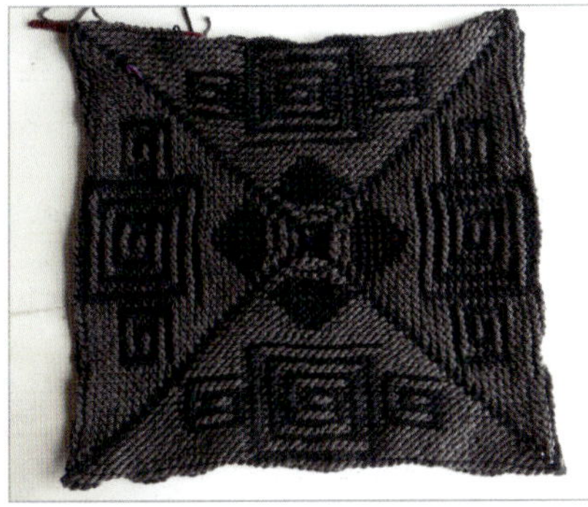

Runde 1–26

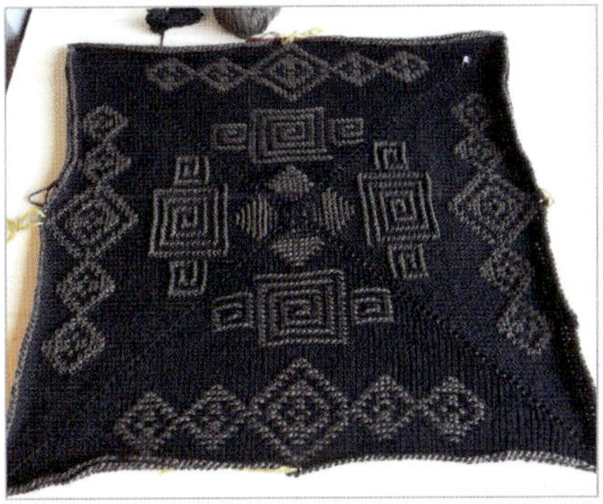

Runde 1–48

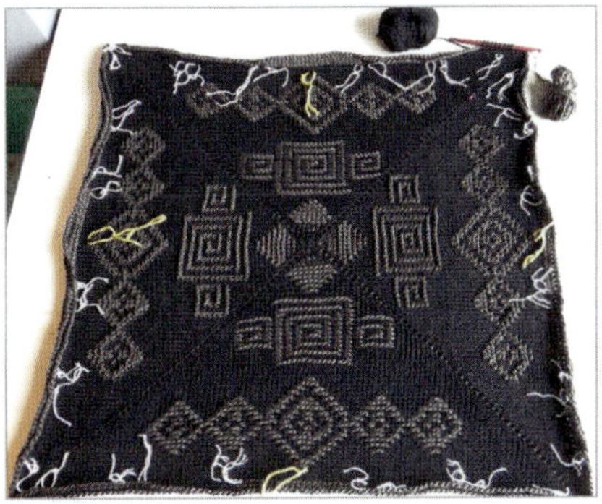

Markierungen für 3. Mustersatz

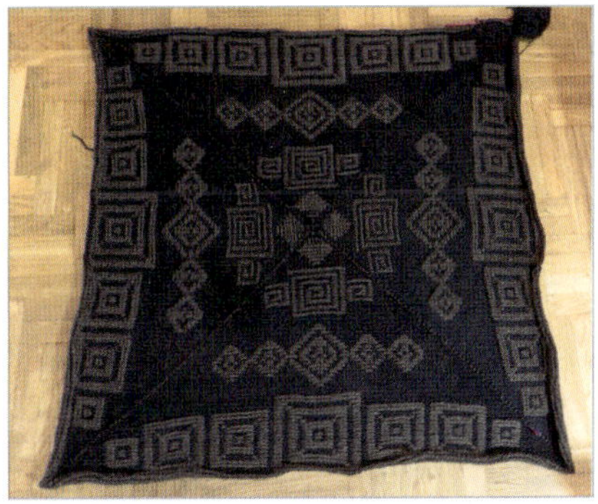

Endspurt

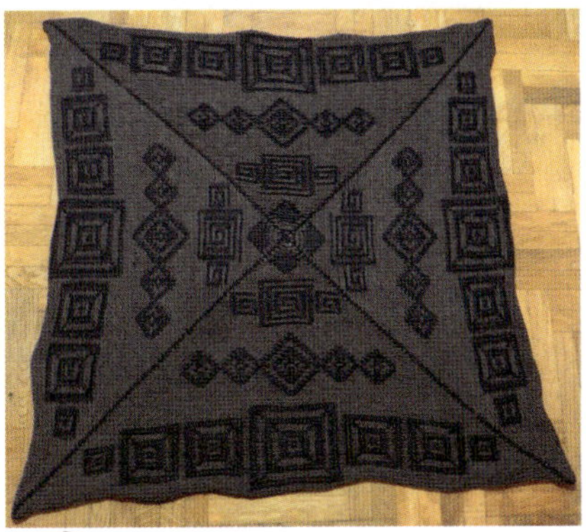

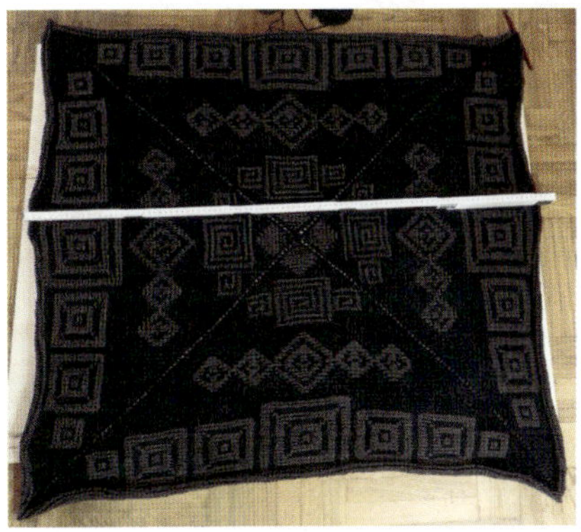

So sieht das fertige Quadrat aus – wie ich finde, sind beide Seiten super geworden.

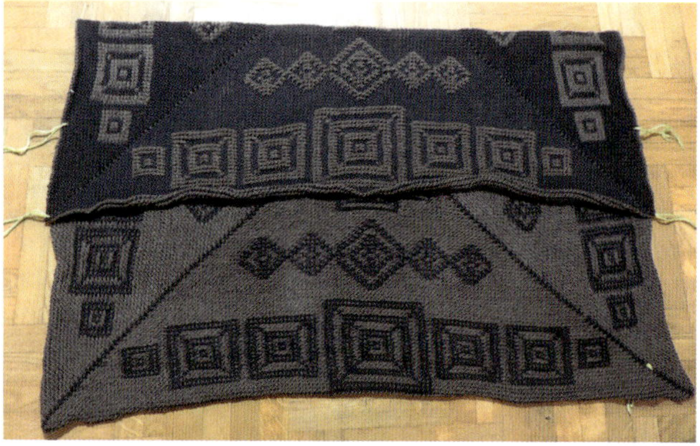

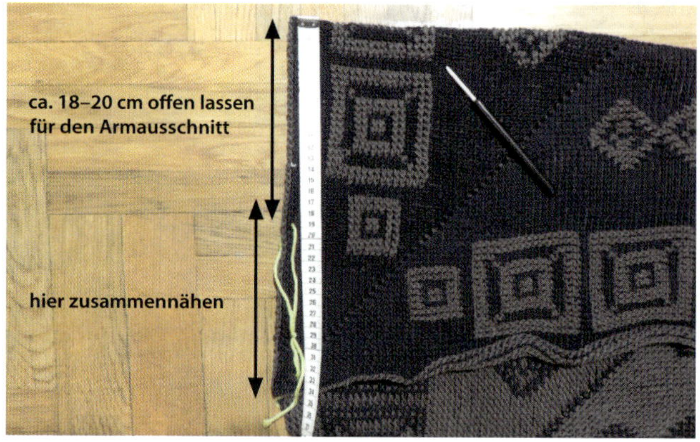

Das Quadrat auf 2/3 zusammenlegen und zur Probe locker aneinanderheften.

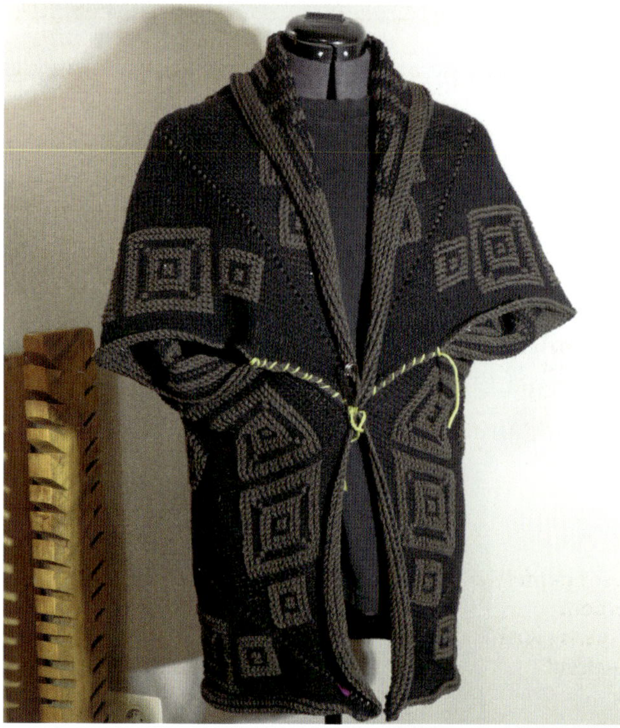

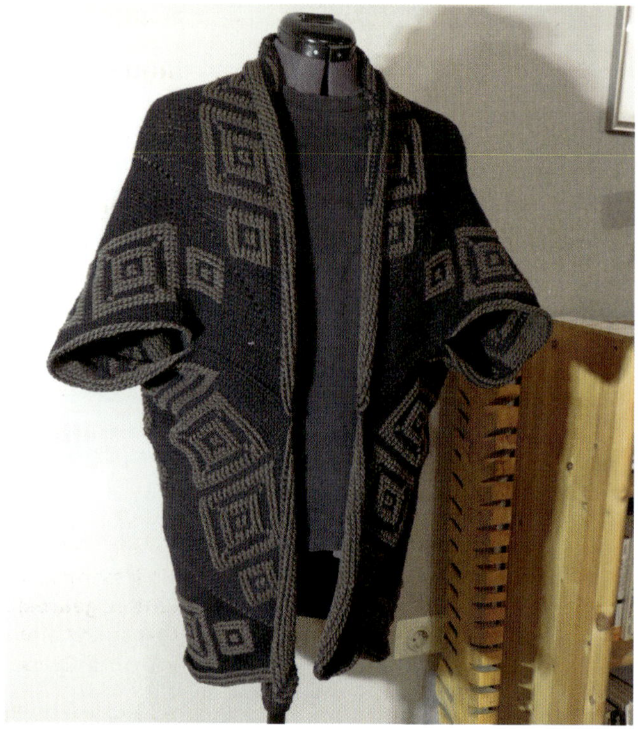

Das erste Bild zeigt die grob zusammengeheftete Quadratjacke. Wenn alles passt und Sie zufrieden sind, kann sie endgültig zusammengenäht werden.

Hexagon-Jacke

tunesisch in Runden gesträkelt

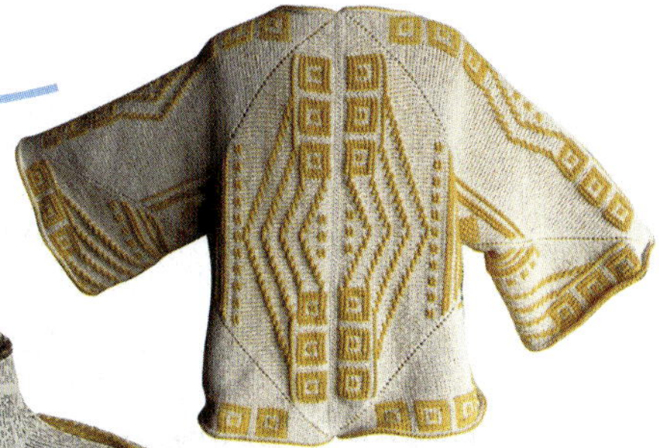

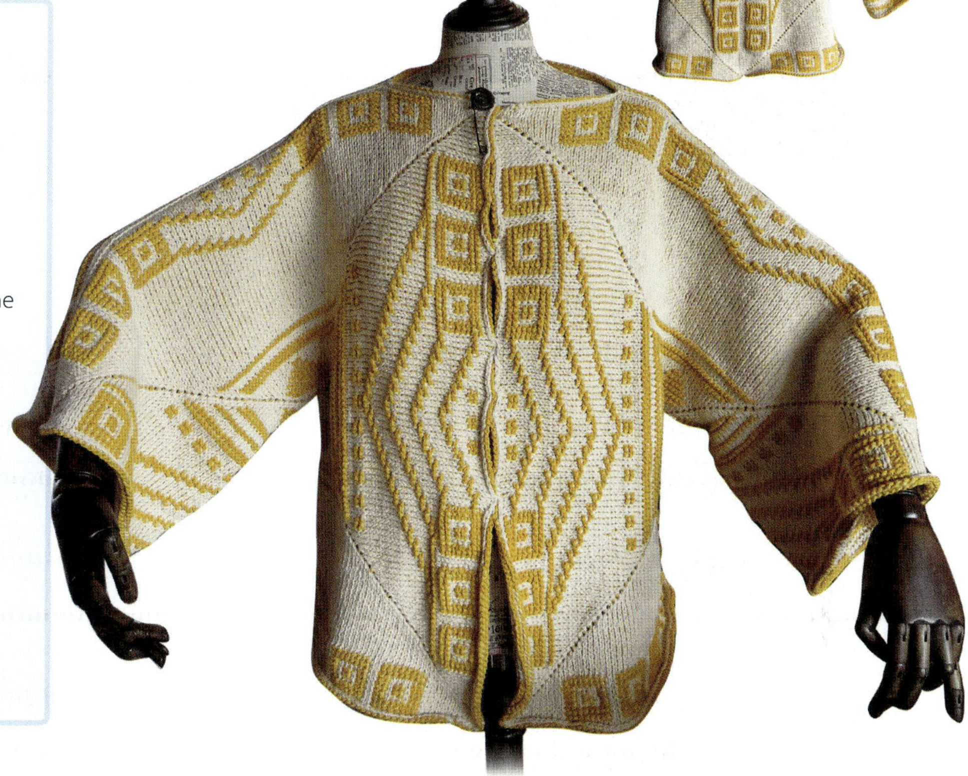

MATERIAL

WOLLE

Lana Grossa Cashcot – 85 % Baumwolle, 15 % Kaschmir, LL: 130 m/50 g, Farbe Beige (008) und Gelb (003)

- 500 g Beige
- 500 g Gelb

NADELN

- Tunesische Doppelnadel Gr. 7 – eine 15 cm lange Doppelnadel genügt, eine längere geht natürlich auch. Wichtig ist die gleiche Nadelstärke auf beiden Seiten!
- Wollnähnadel

WAS NOCH GEBRAUCHT WIRD

- 1 Maschenmarkierer zum Markieren des Rundenbeginns
- 3 Maschenmarkierer zum Markieren der M1-Felder
- einen 65 cm langen Reißverschluss (wenn man die Jacke nicht beidseitig tragen möchte)

Länge der langen Seite eines Feldes: ca. 65 cm

Diese Jacke kann leicht in allen Größen gemacht werden, natürlich muss dann das Muster angepasst werden.

MASCHENPROBE

18 Maschen und 20 Reihen = 10 x 10 cm (ungedehnt)

Anmerkung

Die Maschenprobe muss ebenfalls in Runden gearbeitet werden!
Bitte zuerst einmal die ganze Anleitung und die Hinweise lesen!

WAS MAN KÖNNEN MUSS

- Magic Loop oder Schlaufenanfang (bei der Quadratjacke, s. S. 31, beschrieben)
- Tunesischer Strickstich – TKS
- Tunesischer Reversestich – TRS
- Kettmaschen zum Abmaschen im Muster
- tunesisch in Runden arbeiten
- Doppelte Zunahmen (Beschreibung bei der Quadratjacke, s. S. 32)
- Grafische Anleitungen lesen
- Zusammennähen

Grundsätzliche Hinweise

- Es werden 2 Hexagone gearbeitet und dann zu einer Jacke zusammengenäht.
- Die Hexagone werden von der Mitte aus gearbeitet, begonnen wird mit einem Magic Loop oder einer Schlaufe (Beschreibung, s. S. 31).
- Die Grafiken M1 und M2 zeigen das Zählmuster eines Sechstels, die Schemazeichnung zeigt, welche Sechstel im Muster M1 bzw. M2 gearbeitet werden.
- Die Schlingen werden mit der Farbe Beige aufgenommen und mit der Farbe Gelb abgemascht.
- Die doppelten Zunahmen sowie die Masche vor und hinter der doppelten Zunahme werden immer im Strickstich (TKS) gearbeitet.
- Die doppelten Zunahmen werden in jeder Runde, in der die Schlingen aufgenommen werden, gearbeitet.
- Die Muster immer mittig an den zwei Reverse-Maschen der 10. Runde ausrichten (diese beiden „Mittelmaschen" sind in den Grafiken blau gekennzeichnet). Von dieser „Mitte aus" die Maschen nach rechts und links abzählen.
- Die Hexagone wellen sich durch die Zunahmen, das ist richtig so. Nach dem Zusammenlegen ist alles glatt (siehe Detailfotos).
- Die lange Seite eines Sechstels, also die Kante, aus der die Maschen aufgenommen werden, gibt die Länge der Jacke vor. Somit kann man leicht mit der Größe der Jacke „spielen" – von Baby bis XXL. Aber natürlich muss dann das Zählmuster gekürzt/erweitert werden.
- Helle Kästchen in den Grafiken = Strickstich.
- Graue Kästchen in den Grafiken = Reversestich.
- Blau markierte Mittelmaschen = Reversestich.
- Die grünen Kästchen an den Seiten kennzeichnen die Masche, in die die doppelte Zunahme gearbeitet wird. Die letzte Runde (Rd) in der Grafik ist die Abkettrunde.

Schema der Hexagone

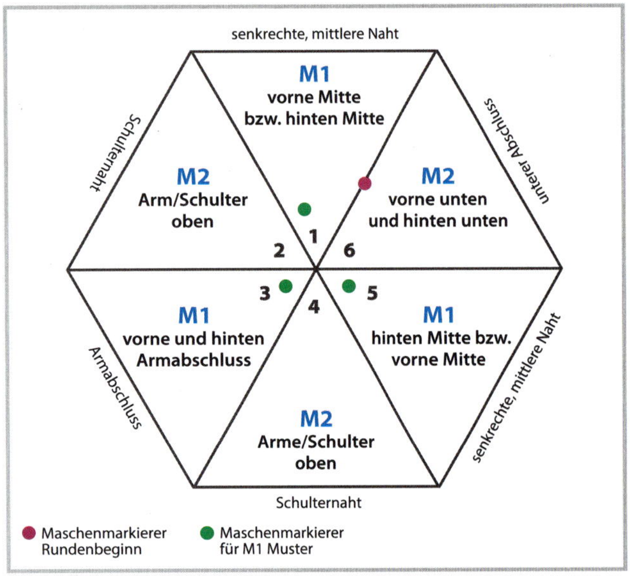

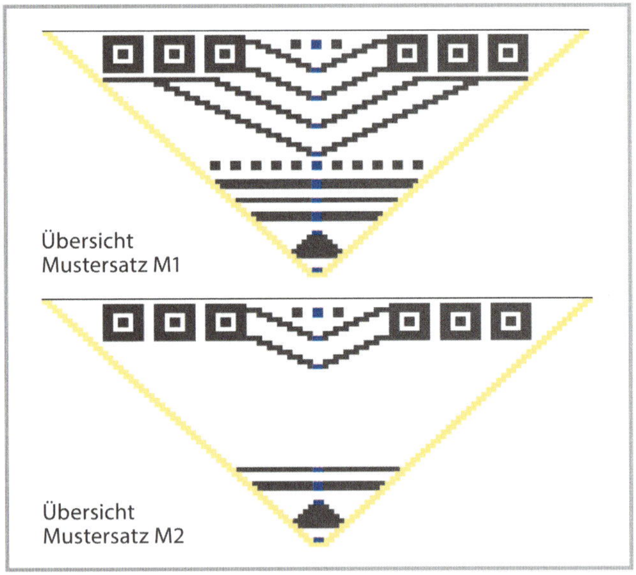

Anleitung

Achtung!

Die doppelten Zunahmen werden in jeder Runde, in der die Maschen aufgenommen werden, gearbeitet!

18 Maschen in einem Magic Loop oder in einer Schlaufe anschlagen und zur Runde schließen, einen Maschenmarkierer an den Rundenbeginn setzen.

Diesen Maschenmarkierer in Runde 4 (das ist eine Strickstich-Runde) nach links in die Zunahme-Linie versetzen, diese Zunahme-Linie ist ab jetzt der Rundenbeginn.

In Runde 19 je einen Maschenmarkierer in das erste, dritte und fünfte Dreieck setzen. Diese Dreiecke werden nach dem Mustersatz M1 gearbeitet.

In allen 6 Dreiecken die mittleren 2 Maschen, das sind die 2 Reversemaschen aus Reihe 10, mit farbiger Restwolle markieren. An diesen beiden Maschen werden die Muster ausgerichtet.

1. Runde: Alle Maschen im Strickstich arbeiten, bei den Maschen 3 / 6 / 9 / 12 / 15 und 18 eine doppelte Zunahme im Strickstich arbeiten.

Weiter nach den Zählmustern M1 und M2 – bis Runde 19 werden alle Sechstel gleich gearbeitet, ab Runde 20 werden drei Sechstel nach dem Zählmuster M1 und drei Sechstel nach dem Zählmuster M2 gearbeitet, siehe Schema.

In der letzten Runde alle Maschen mit der Farbe Beige im Strickstich abketten, das Abketten 5 Maschen vor dem Ende der letzten Runde beginnen.

Wichtig!

Es werden 2 identische Hexagone gearbeitet.

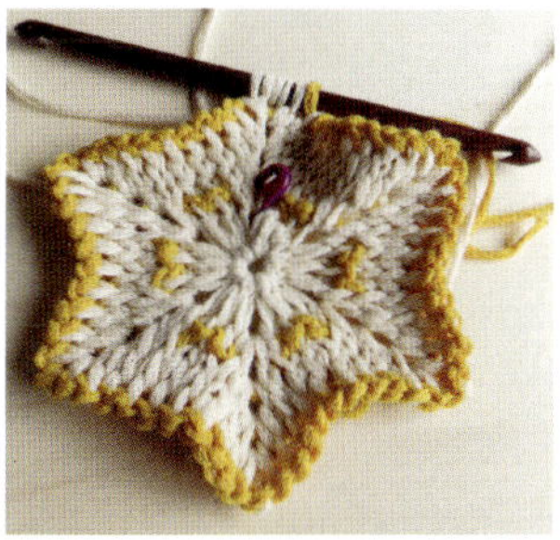

Der Beginn

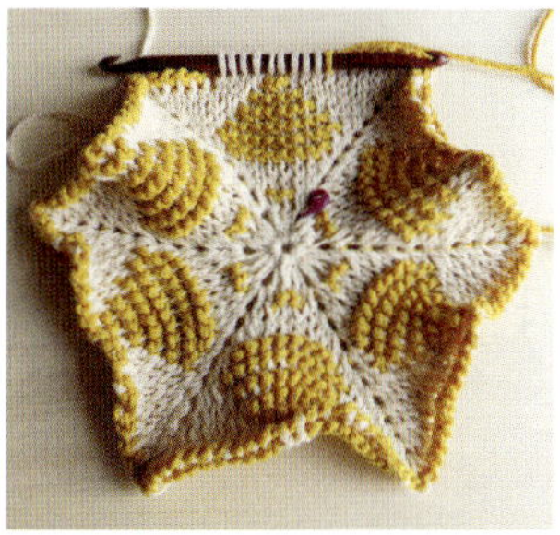

Nach ein paar Runden sieht man, dass es sich leicht wellt.

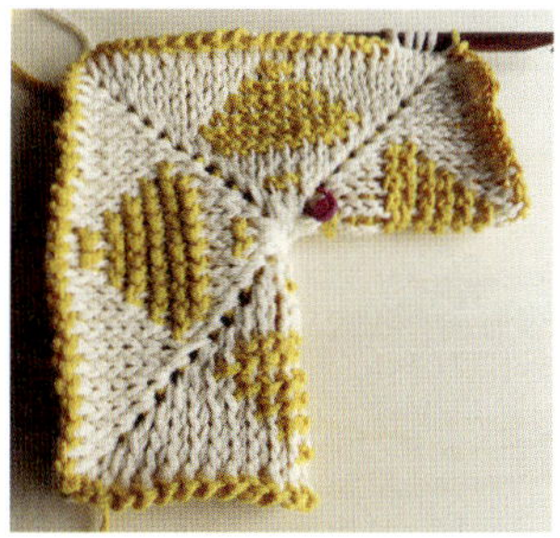

Zusammengelegt ist alles glatt.

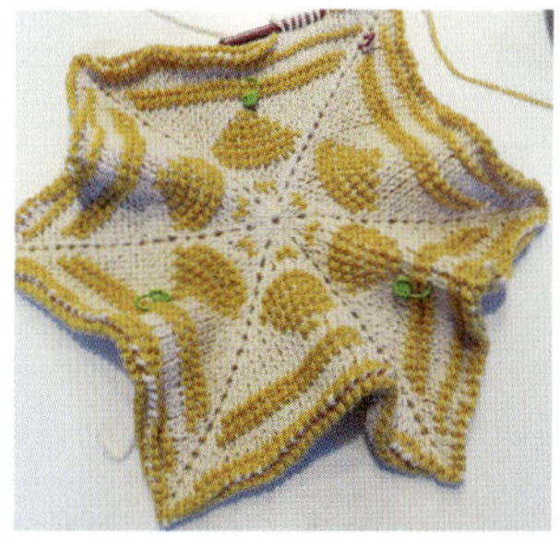

Nicht durch das Wellige irritieren lassen.

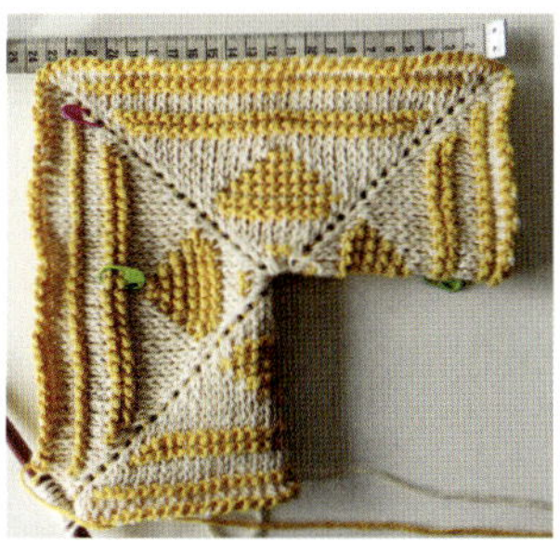

Die lange Seite eines Dreiecks gibt die Länge vor.

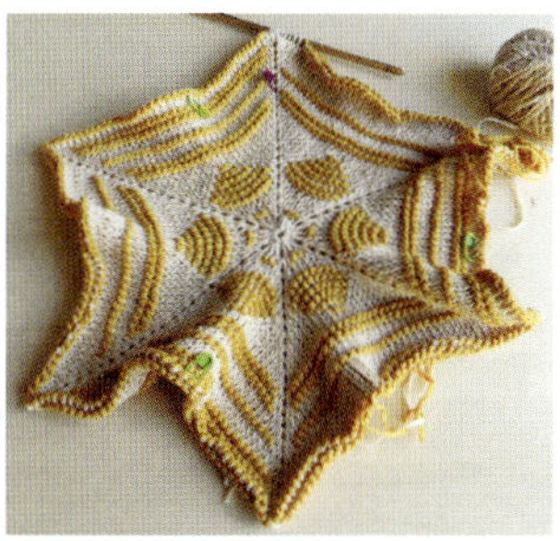

Einteilung für die Zählmuster M1 und M2

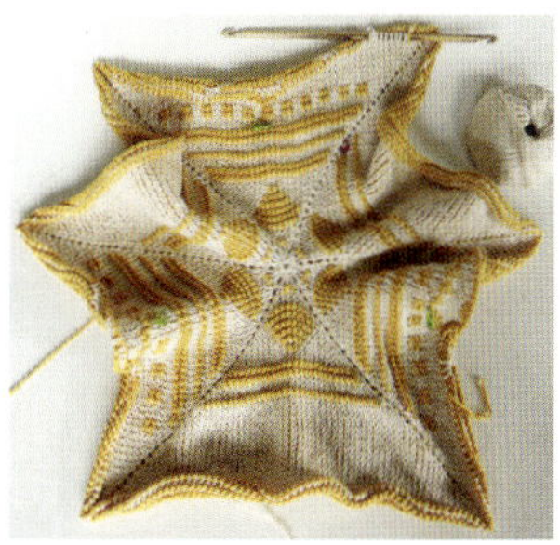

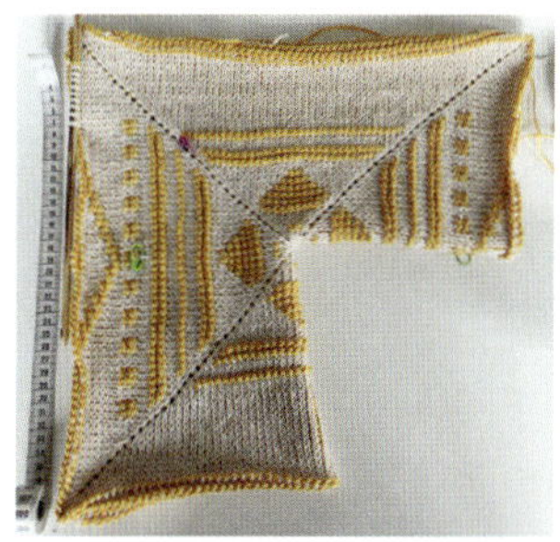

Auch hier wellt es sich, aber beim Zusammenlegen ist alles glatt.

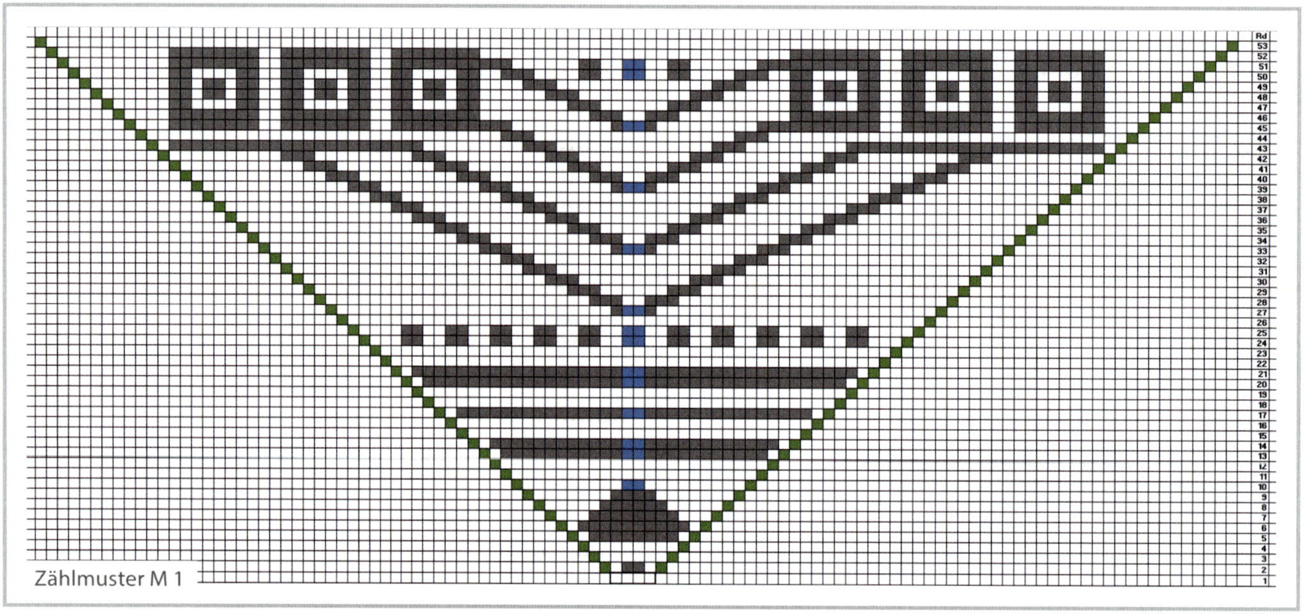

Zählmuster M 1

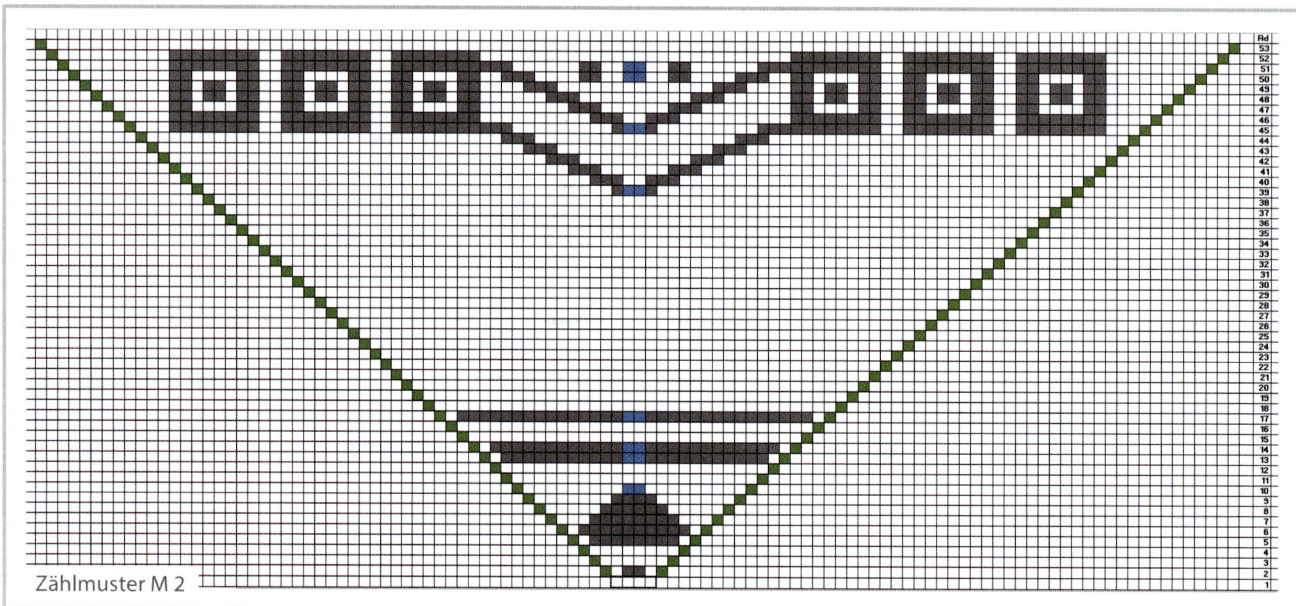

Zählmuster M 2

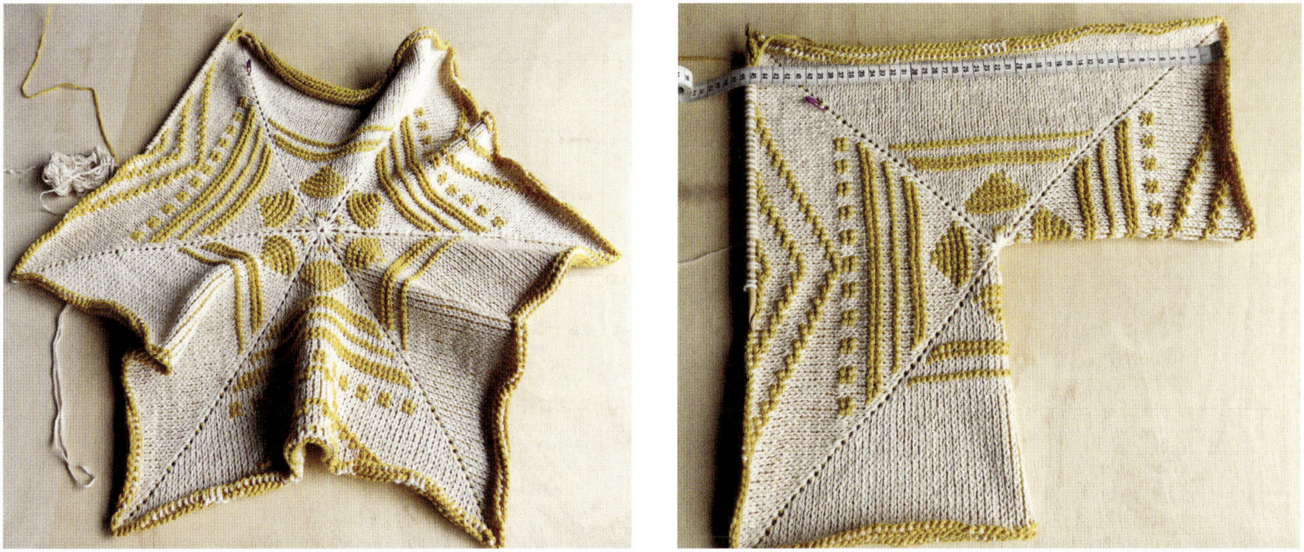

Ein fertiges Hexagon: Man sieht, dass es zusammengelegt glatt ist, also lassen Sie sich während des Sträkelns nicht vom Welligen irritieren.

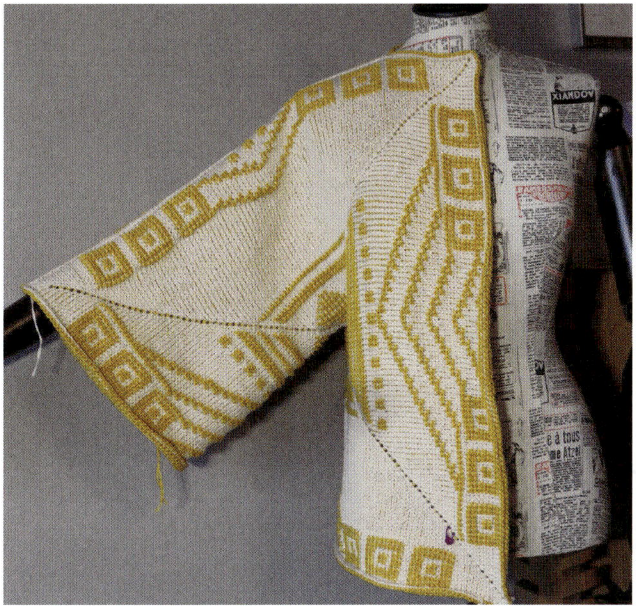

Halbzeit

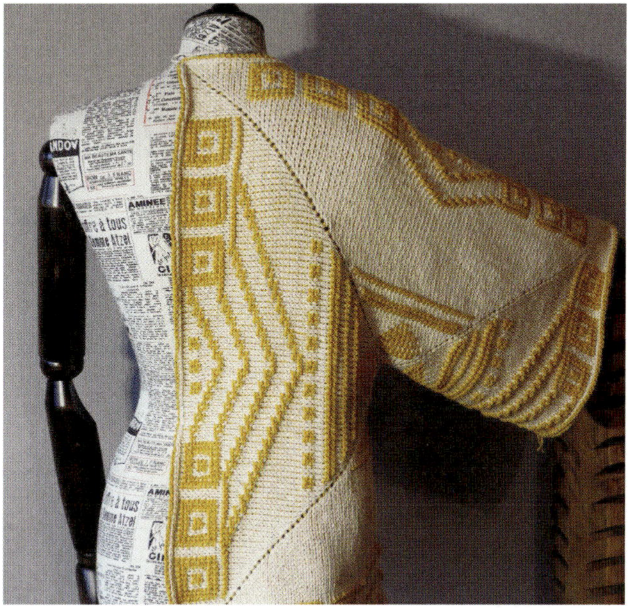

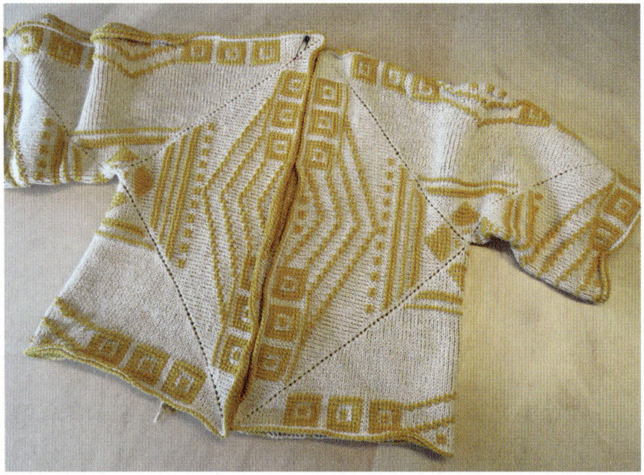

Beide Teile sind fertig und die Armnaht ist geschlossen.

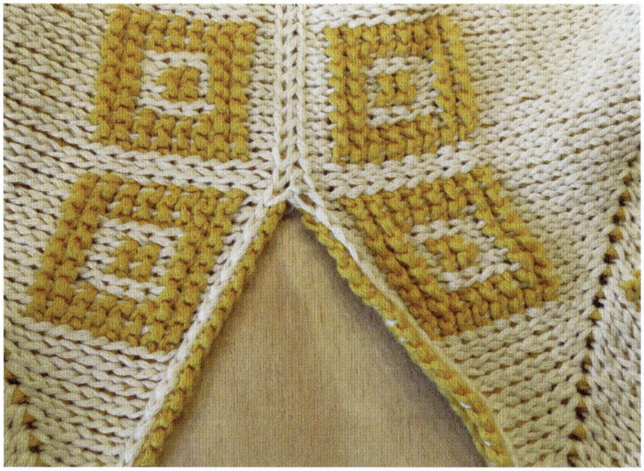

Zusammennähen der hinteren Mittelnaht

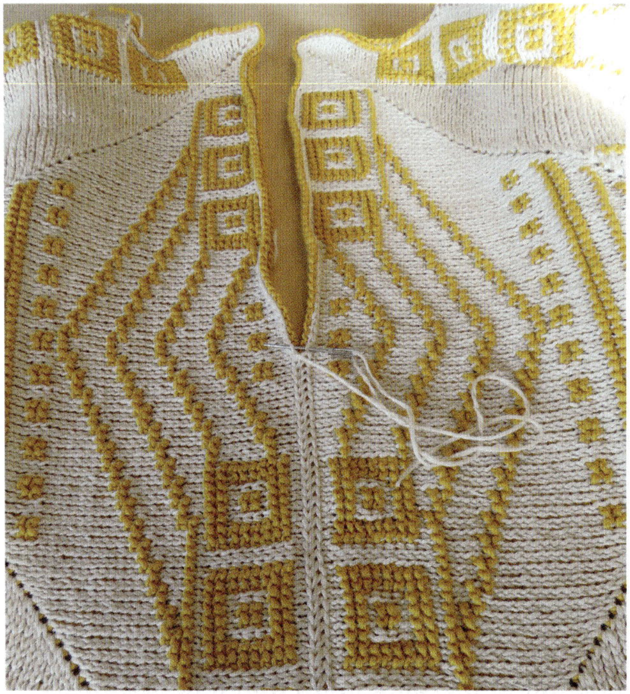

Um eine schöne Naht zu bekommen, habe ich so eingestochen.

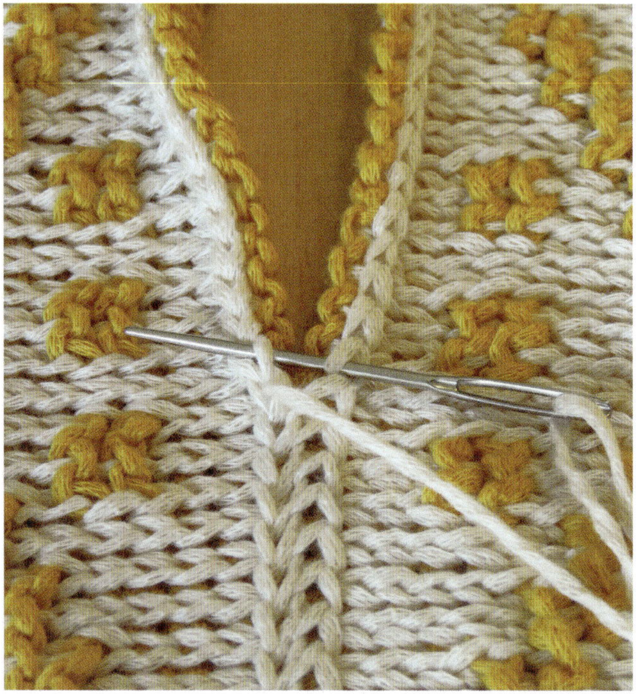

Der Einstich im Detail

Fertigstellung

Die Hexagone zu einem L zusammenlegen, dabei darauf achten, dass die im Muster M1 gearbeiteten Felder richtig liegen. Dazu die Rundenbeginnlinie (lila Maschenmarkierer) auf die Zunahmelinie, die zwischen dem dritten und vierten Sechstel verläuft (schwarze Sicherheitsnadel) legen (siehe Fotos).

Die oberen Armnähte bis auf Höhe des letzten Quadrates zusammennähen, die letzten 11 cm zum Hals hin bleiben offen, das ergibt den Halsausschnitt. Dann beide Teile an der hinteren, mittleren Naht zusammennähen.

Bei Bedarf den Halsausschnitt noch mit ein oder zwei Reihen feste Maschen umhäkeln.

Alle Fäden vernähen, die Ränder leicht dämpfen und ggf. den Reißverschluss einnähen.

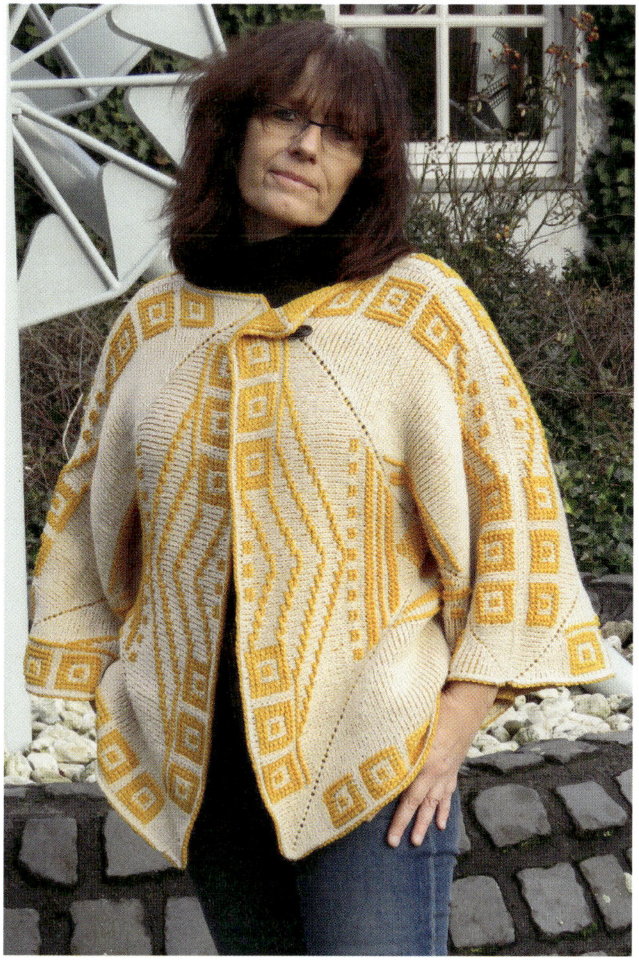

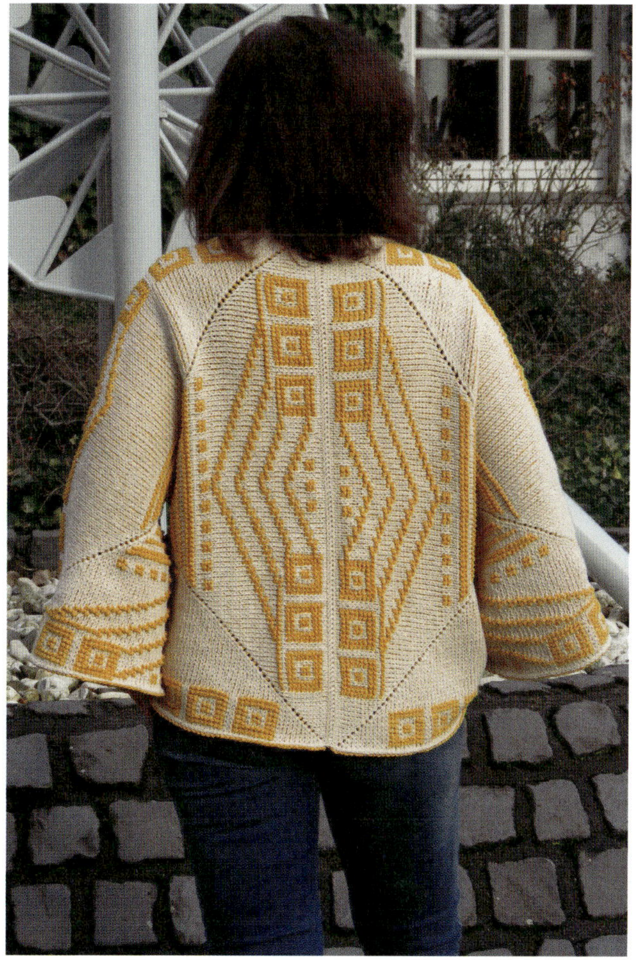

Regenbogen-Cape-Jacke

mit alternativer Anleitung als Poncho

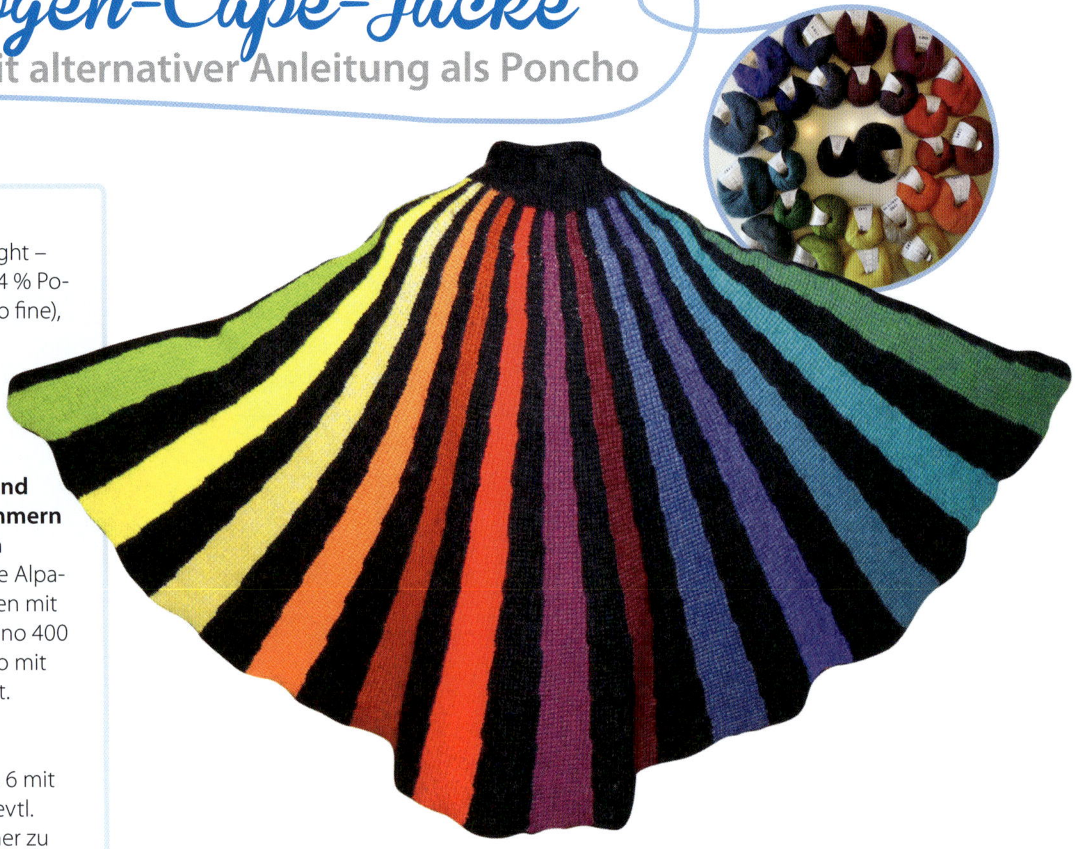

MATERIAL

WOLLE

- Lang Yarns Alpaka Superlight – 54 % Alpaka (Superfine), 24 % Polyamid, 22 % Wolle (Merino fine), LL: 199 m/25 g
- Merino 400 Lace – 100 % Schurwolle (Merino extrafine), LL: 200 m/25 g

Anmerkung: **Die Farben und entsprechenden Farbnummern sind der nebenstehenden Tabelle zu entnehmen.** Die Alpaka Superlight wird zusammen mit der farblich passenden Merino 400 Lace verarbeitet, es wird also mit doppeltem Faden gesträkelt.

NADELN

- Tunesische Häkelnadel Nr. 6 mit 80 cm Seil (60 cm gehen evtl. auch, 80 cm sind bequemer zu arbeiten)
- Wollnähnadel zum Vernähen der Fäden
- für einen Poncho noch eine Tunesische Doppelnadel Nr. 6 mit gleicher Nadelstärke auf beiden Seiten

WAS MAN NOCH BRAUCHT

- 11 Maschenmarkierer
- 1 schwarzer Reißverschluss, Länge 80 cm

Bitte erst die komplette Anleitung zu Ende lesen und dann beginnen!

Die Cape-Jacke besteht aus gesamt 14 Farben: 13 Regenbogenfarben + Schwarz. Die Regenbogenfarben werden durch Schwarz getrennt. Die Cape-Jacke wird bis auf den Kragen in einem Stück gearbeitet. Sie besteht aus 52 Keilen + 1 Keil, 26 farbigen und 27 schwarzen.

Die Keile werden mit verkürzten Reihen gesträkelt und der erste (schwarze) Keil und der letzte (schwarze) Keil werden jeweils zur Hälfte nach innen geklappt, um eine schöne, stabile Kante zu erhalten, an der ein Reißverschluss angenäht werden kann. Die Regenbogen-Cape-Jacke wiegt ohne Reißverschluss knapp 685 g, hat ohne Kragen eine Länge von 80 cm und am unteren Rand einen Umfang von ca. 468 cm vor dem Abnähen der Arme.

Anmerkung

Pro Regenbogenfarbe werden je Qualität ca. 15–16 g Wolle benötigt.

Cape-Jacke

Keile 1–53 arbeiten, Keil 1 und Keil 53 zur Hälfte nach innen klappen und für einen festen Rand festnähen.

Poncho

Keile 1–52 arbeiten und dann Keil 1 und 52 zusammennähen. Aus dem Halsausschnitt Maschen aufnehmen und in Runden ein Bündchen oder einen Rollkragen arbeiten, je nach Geschmack.

WAS MAN KÖNNEN MUSS

- Einfachen tunesischen Grundstich
- Verkürzte Reihen
- Farbwechsel in der Hinreihe
- Maschen aus einer Kante aufnehmen
- Abnahmen in der Hinreihe

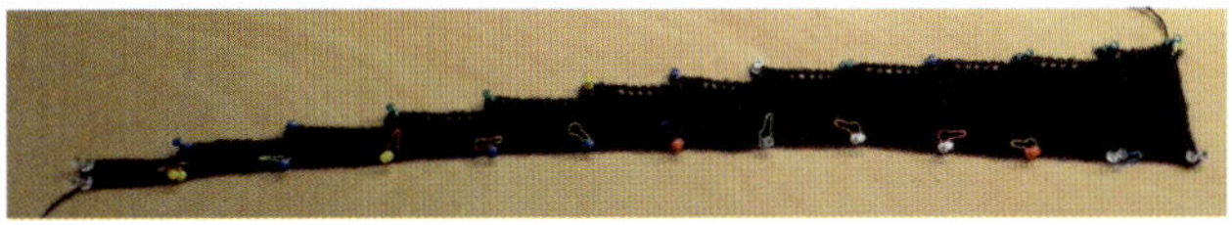

Keil 1

- Abketten
- Für die Poncho Version: in Runden sträkeln für den Kragen

MASCHENPROBE

Ein Keil hat die Maße von ca. 80 cm Länge, ist 9,5 cm hoch (höchste Stelle) bzw. 1,5 cm hoch (schmalste Stelle) und wiegt ca. 16 g. Die Cape-Jacke besteht aus insgesamt 53 Keilen, der Poncho aus 52 Keilen.

Anleitung

Ein Keil besteht aus insgesamt 13 Reihen, jede Rückreihe wird ganz normal gearbeitet (siehe Anmerkung S. 45 rechts). Die Farben der jeweiligen Keile sind in der Abbildung auf Seite 42 und in der untenstehenden Tabelle aufgeführt.

KEIL 1

Reihe 1: 120 Luftmaschen in Schwarz anschlagen und die Grundreihe arbeiten.
Reihe 2: Alle 120 Maschen im Grundstich.

Nr. in Skizze	Farbe	Menge je Qualität	Farbnr. Alpaka Superlight	Farbnr. Merino 400 Lace
1	Schwarz	200 g	Nr. 749.0004	Nr. 796.0004
2	Aubergine	25 g	Nr. 749.0064	Nr. 796.0066
3	Jeansblau	25 g	Nr. 749.0035	Nr. 796.0010
4	Blau	25 g	Nr. 749.0006	Nr. 796.0035
5	Blau-Grün	25 g	Nr. 749.0188	Nr. 796.0088
6	Türkis-Grün	25 g	Nr. 749.0074	Nr. 796.0073
7	Matt Grün	25 g	Nr. 749.0018	Nr. 796.0018
8	Pistaziengrün	25 g	Nr. 749.0044	Nr. 796.0044
9	Gelb	25 g	Nr. 749.0013	Nr. 796.0014
10	Matt Gelb-Beige	25 g	Nr. 749.0011	Nr. 796.0026
11	Orange	25 g	Nr. 749.0059	Nr. 796.0059
12	Rost	25 g	Nr. 749.0063	Nr. 796.0011
13	Rot	25 g	Nr. 749.0060	Nr. 796.0061
14	Berry-Rot/Lila	25 g	Nr. 749.0166	Nr. 796.0080

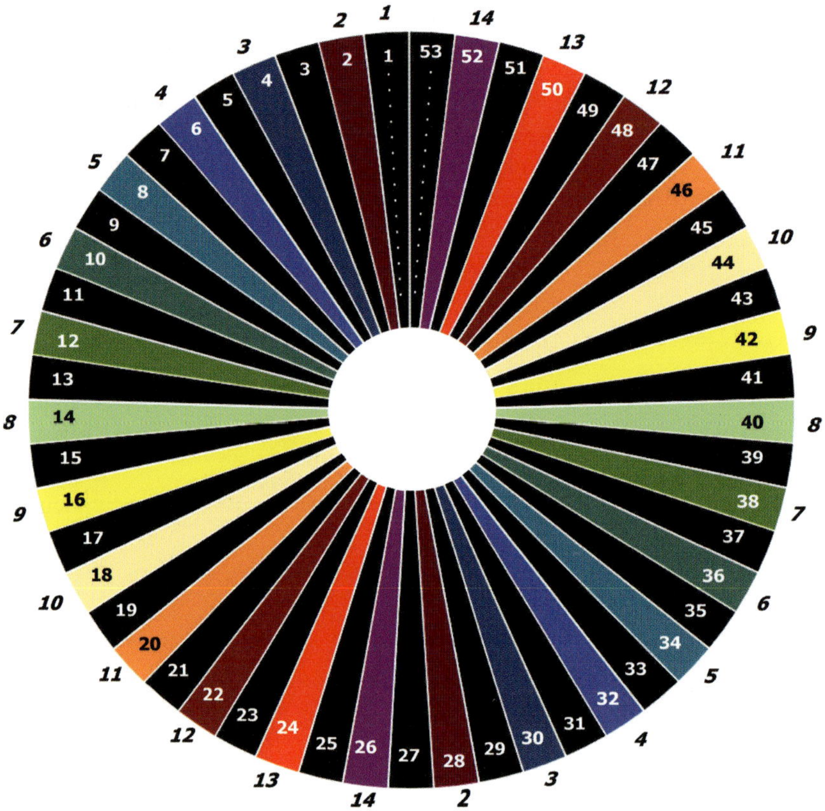

Die Nummerierung im Kreis kennzeichnet die Keile 1–53, die Nummerierung außerhalb des Kreises bezeichnet die jeweilige Farbe (siehe erste Spalte der Tabelle auf Seite 43). Die gestrichelte Linie in den Keilen 1 und 53 deutet die „Faltlinie" an, da bei der Cape-Jacke diese beiden Keile zur Hälfte nach innen geklappt werden.

Reihe 3: 110 Maschen im Grundstich, die letzten 10 Maschen bleiben unbearbeitet.
Reihe 4: 100 Maschen im Grundstich, die restlichen 10 Maschen bleiben unbearbeitet.
Reihe 5: 90 Maschen im Grundstich, die restlichen 10 Maschen bleiben unbearbeitet.
Reihe 6: 80 Maschen im Grundstich, die restlichen 10 Maschen bleiben unbearbeitet.
Reihe 7: 70 Maschen im Grundstich, die restlichen 10 Maschen bleiben unbearbeitet.
Reihe 8: 60 Maschen im Grundstich, die restlichen 10 Maschen bleiben unbearbeitet.
Reihe 9: 50 Maschen im Grundstich, die restlichen 10 Maschen bleiben unbearbeitet.
Reihe 10: 40 Maschen im Grundstich, die restlichen 10 Maschen bleiben unbearbeitet.
Reihe 11: 30 Maschen im Grundstich, die restlichen 10 Maschen bleiben unbearbeitet.
Reihe 12: 20 Maschen im Grundstich, die restlichen 10 Maschen bleiben unbearbeitet.
Reihe 13: 10 Maschen im Grundstich, die restlichen 10 Maschen bleiben unbearbeitet, die Rückreihe arbeiten und die letzten 2 Schlingen mit der neuen Farbe abmaschen.

KEIL 2

Beginn Reihe 1 von Keil 2: Alle 120 Maschen im Grundstich arbeiten.
Reihe 2: 120 Maschen im Grundstich.
Weiter wie bei Keil 1.
Auf diese Weise die **Keile 1–52** in den erforderlichen Farben arbeiten (siehe Skizze).
Keil 53: In Schwarz, wie gehabt, arbeiten. Alle Maschen in der nächsten Reihe abketten (diese wäre theoretisch die Reihe 1 eines nächsten Keils).

EIN PAAR TIPPS

- Jede 10. Masche einen Maschenmarkierer setzen, das erleichtert das Zählen.
- Bitte sorgfältig die Maschen und Reihen zählen, das Garn lässt sich schlecht ribbeln.
- Darauf achten, beim Aufnehmen der Schlingen bzw. beim Abmaschen auch beide Fäden zu erwischen, da ja mit doppeltem Faden gearbeitet wird.
- Durch das weiche Garn legen sich die Schlingen gerne übereinander, deshalb genau darauf achten, jede Schlinge einzeln abzumaschen.

Achtung!

Wer einen Poncho machen möchte, verbindet den Keil 52 (Berry-Rot/Lila) mit dem Keil 1 (Schwarz). Es muss nur noch der Kragen mit den Abnahmen in Runden angesträkelt werden.

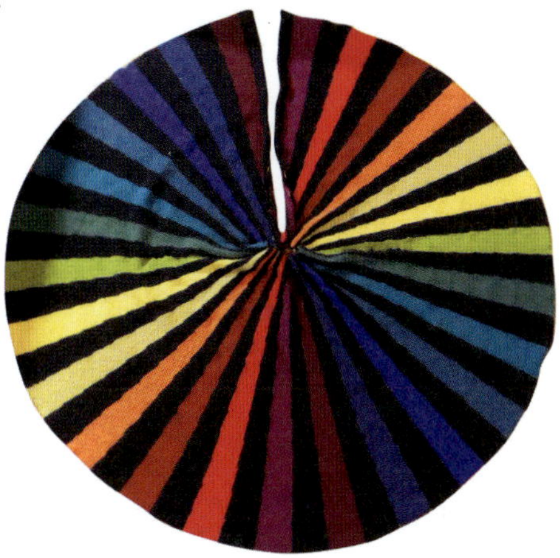

Anmerkung

Ich arbeite bei dieser Cape-Jacke die verkürzten Reihen in den Rückreihen wie „normal", also mit der zusätzlichen Luftmasche, da mir diese kleine „Treppchenbildung" sehr gut gefällt. Wer das unsichtbarer haben möchte, beginnt die Rückreihe ohne zusätzliche Luftmasche, dann aber bitte besonders genau darauf achten, beim Beginn eines neuen Keils alle Maschen wieder aufzufassen.

DER KRAGEN

Mit Schwarz aus dem Halsausschnitt 106 Schlingen aufnehmen – also pro Keil 2 Schlingen – und abmaschen.

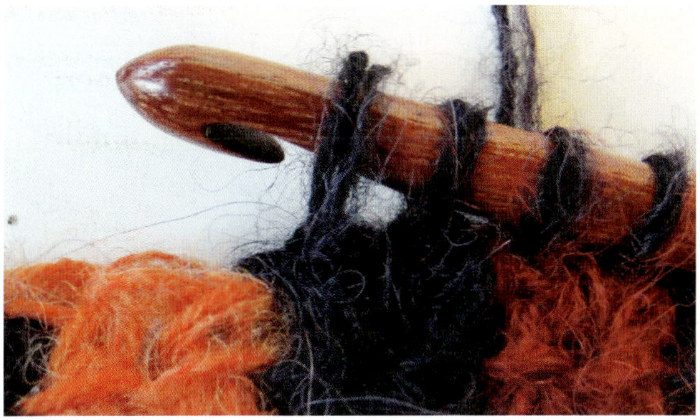

2 Schlingen pro Keil aufnehmen und ...

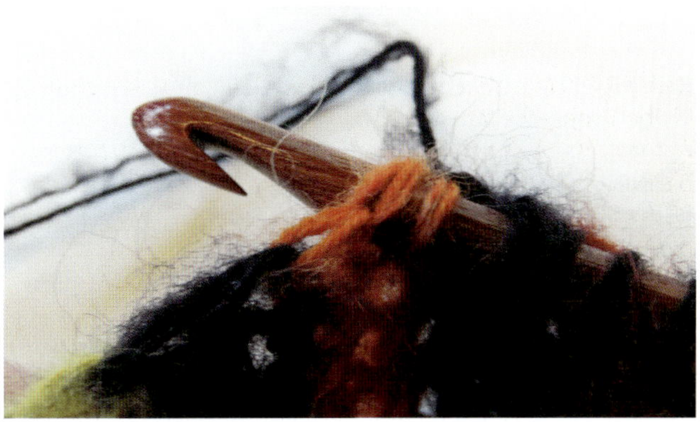

... dazu auf diese Weise einstechen.

Reihe 1: 8 Maschen gleichmäßig verteilt abnehmen = 1. Masche ist die Randmasche / 2 Maschen im Grundstich / * 2 Maschen zusammensträkeln / 12 Maschen im Grundstich *, von * zu * wiederholen, 2 Maschen im Grundstich und die letzte Masche arbeiten = 98 Maschen.
Reihe 2: Ohne Abnahmen.
Reihe 3: 8 Maschen gleichmäßig verteilt abnehmen = 1. Masche ist die Randmasche / 2 Maschen im Grundstich / * 2 Maschen zusammensträkeln / 11 Maschen im Grundstich *, von * zu * wiederholen, 1 Masche im Grundstich und die letzte Masche arbeiten = 90 Maschen.
Reihe 4: Ohne Abnahmen.
Reihe 5: 8 Maschen gleichmäßig verteilt abnehmen = 1. Masche ist die Randmasche / 1 Masche im Grundstich / * 2 Maschen zusammensträkeln / 10 Maschen im Grundstich *, von * zu * wiederholen, 1 Masche im Grundstich und die letzte Masche arbeiten = 82 Maschen.
Reihe 6: 5 Maschen verteilt abnehmen = 1. Masche ist die Randmasche / 17 Maschen im Grundstich / 2 Maschen zusammensträkeln / 9 Maschen im Grundstich / 2 Maschen zusammensträkeln / 9 Maschen im Grundstich / 2 Maschen zusammensträkeln / 9 Maschen im Grundstich / 2 Maschen zusammensträkeln / 9 Maschen im Grundstich / 2 Maschen zusammensträkeln / 17 Maschen im Grundstich und die letzte Masche = 77 Maschen.
Reihe 7: 4 Maschen abnehmen = 1. Masche ist die Randmasche / 16 Maschen im Grundstich / 2 Maschen zusammensträkeln / 3 Maschen zusammensträkeln / 18 Maschen im Grundstich / 2 Maschen zusammensträkeln, 16 Maschen im Grundstich und die letzte Masche = 73 Maschen.
Reihe 8: 6 Maschen abnehmen = 1. Masche ist die Randmasche / 5 Maschen im Grundstich / 2 Maschen zusammensträkeln / 10 Maschen im Grundstich / 2 Maschen zusammensträkeln / 15 Maschen im Grundstich / 3 Maschen zusammensträkeln / 15 Maschen im Grundstich / 2 Maschen zusammensträkeln / 10 Maschen im Grundstich / 2 Maschen zusammensträkeln / 5 Maschen im Grundstich und die letzte Masche = 67 Maschen.
Reihe 9–14: Ohne Zunahmen im Grundstich.
Reihe 15: Alle Maschen abketten.

DIE BLENDEN

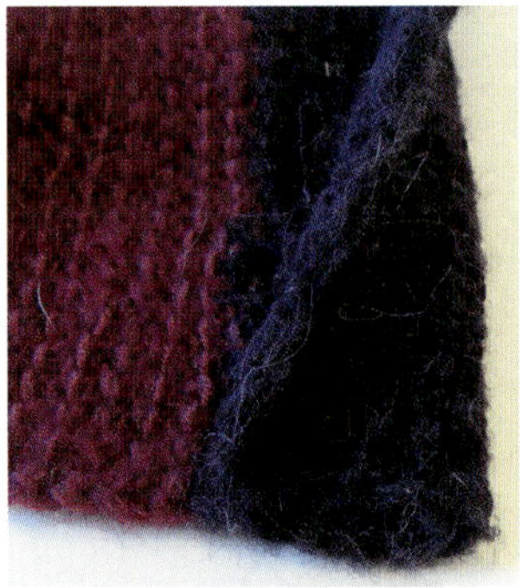
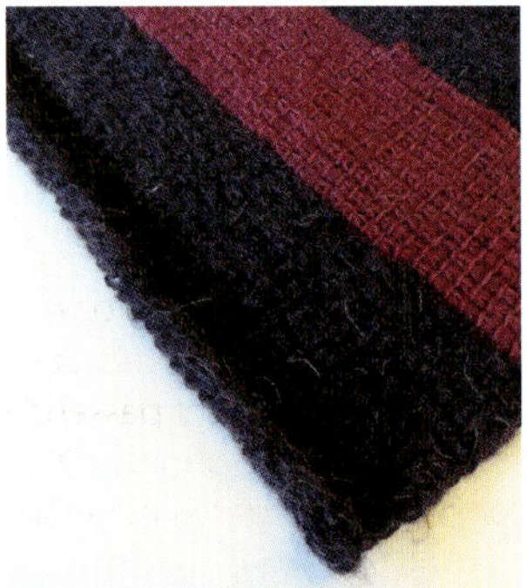

Keil 1 und Keil 53 zur Hälfte nach innen klappen und festnähen.

DIE ÄRMEL ABNÄHEN

Die schwarzen Keile 11 und 15 sowie 37 und 41 markieren.
Keil 11 wird am Übergang zu Keil 10 markiert, Keil 15 am Übergang zu Keil 16, die Keile 37 am Übergang zu 36 und 41 am Übergang 42.
Mit schwarzem Garn die Keile 11 und 15 entlang der Keillinie ca. 20 cm mit lockerem Faden zusammennähen.
Bei den Keilen 37 und 41 genauso verfahren.

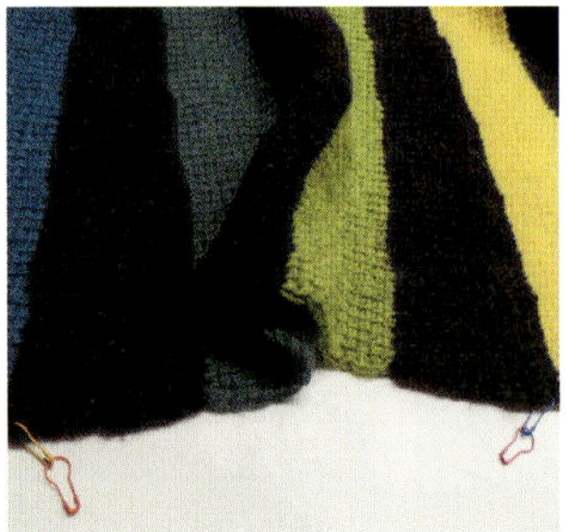
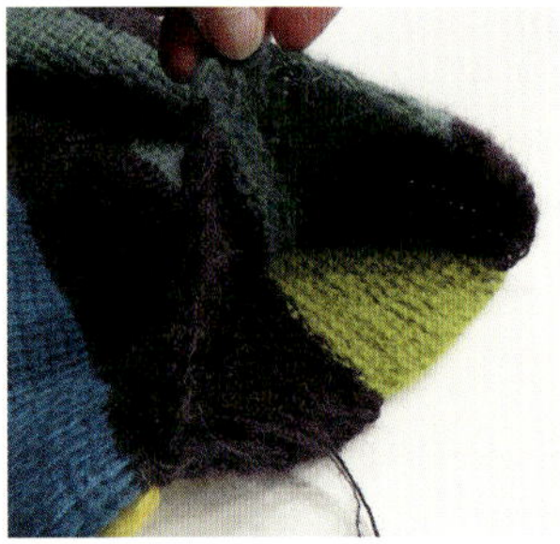

Die Keile 11 und 15 sowie 37 und 41 entlang der Keillinie ca. 20 cm mit lockerem Faden zusammennähen

Fertigstellung

Alle Fäden vernähen und den Reißverschluss per Hand oder mit der Nähmaschine einnähen.

Anpassen an andere Größen

Diese weite Cape-Jacke bzw. dieser Poncho hat eine Einheitsgröße, die jedoch für sehr schmale oder sehr große Größen wahrscheinlich nicht passend ist.

Um die Länge und damit auch die Weite zu verändern, müssten mehr/weniger Maschen pro Keil gearbeitet werden.

Da ich aber selbst nur diese Größe in dieser Wolle gearbeitet habe, kann ich zur Maschenanzahl etc. nichts sagen, das müsste dann bitte selbst ausgetüftelt werden.
Durch die Wahl anderer Wolle und Nadelstärke verändert sich die Größe „von alleine", auch da müsste bitte selbst probiert werden.

Grundsätzlich gilt: Einen Keil als Maschenprobe machen und messen, wie lang und wie hoch an der breitesten Stelle der Keil ist. Über einen Onlinerechner den Kreisumfang berechnen (Radius = Länge des Keils).

Diesen Kreisumfang durch die Höhe des Keils teilen. Das Ergebnis ergibt grob die Anzahl der Keile im Kreis.

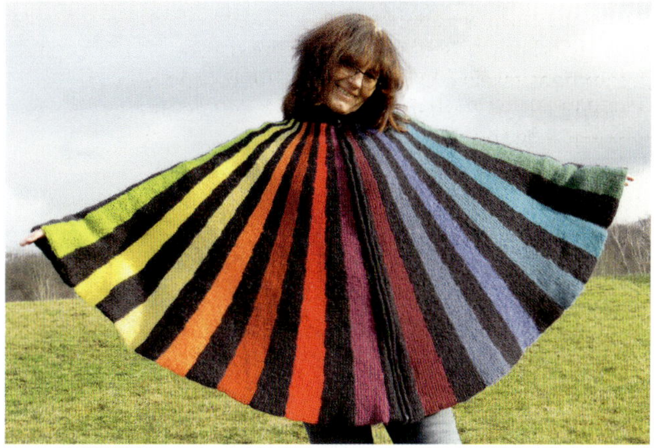

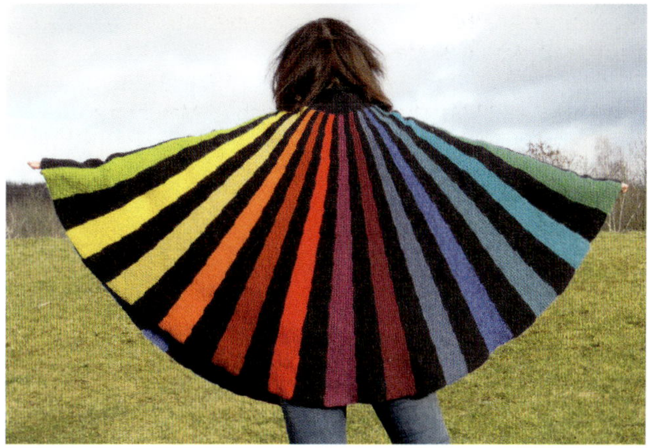

Regenbogen-Pullover

MATERIAL

WOLLE

- Lang Yarns Alpaka Superlight – 54 % Alpaka (Superfine), 24 % Polyamid, 22 % Wolle (Merino fine), LL: 199 m/25 g
- Merino 400 Lace – 100 % Schurwolle (Merino extrafine), LL: 200 m/25 g

Anmerkungen: Siehe Tabelle von der Regenbogen Cape-Jacke, S. 43.
Es werden die Reste der Regenbogenfarben verwendet (ca. 5 g pro Farbe/Qualität).

Je 150 g Schwarz (Farbe 1) der Alpaka Superlight und Merino 400 Lace
Der Pullover wiegt gesamt 388 g.

NADELN

- Tunesische Häkelnadel Nr. 6 mit Seil
- Tunesische Doppelnadel Nr. 6, auf die mindestens 38 Maschen passen
- Wollnähnadel

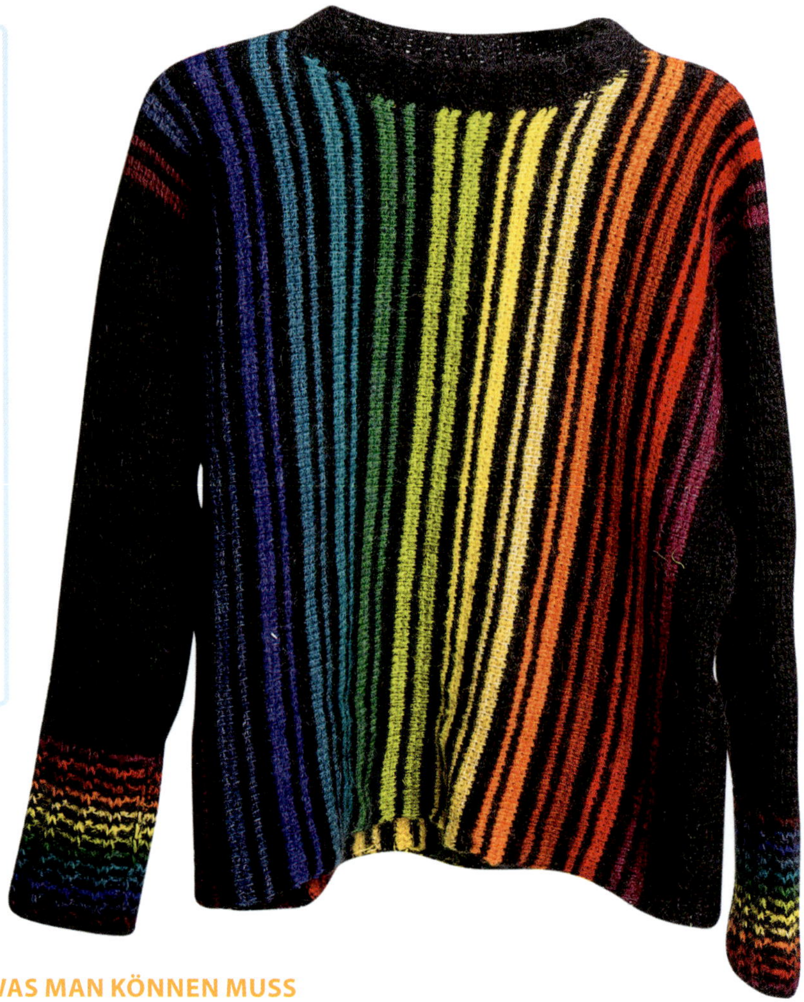

MASCHENPROBE

16 Maschen und 15 Reihen = 10 x 10 cm
Maße des Pullovers: ca. 58 cm breit und 64 cm lang

WAS MAN KÖNNEN MUSS

- Tunesischer Grundstich
- Tunesischer Strickstich – TKS
- Tunesische falsche linke Masche – fTPS
- Wendemuster
- in Runden sträkeln
- Abnahmen in der Rückreihe
- Zunahmen in der Hinreihe
- Maschen aus der Seitenkante auffassen

Anleitung

Das Vorderteil und das Rückenteil werden quer gearbeitet. Die Arme werden in Reihen, das Halsbündchen in Runden angesträkelt.

RÜCKENTEIL

1. Reihe: 100 Luftmachen in Schwarz (Farbe 1) anschlagen, die Schlingen auf die Nadel holen und wie gewohnt abmaschen. Weiter im Grundstich und in folgender Einteilung:

Reihe 1–6: Farbe 1 (inklusiv der 1. Reihe).
Reihe 7–8: Farbe 2.
Reihe 9: Farbe 1.
Reihe 10: Farbe 2.
Reihe 11–12: Farbe 1.
Reihe 13–14: Farbe 3.
Reihe 15: Farbe 1.
Reihe 16: Farbe 3.
Reihe 17–18: Farbe 1.
Reihe 19–20: Farbe 4.
Reihe 21: Farbe 1.
Reihe 22: Farbe 4.
Reihe 23–24: Farbe 1.
Reihe 25–26: Farbe 5.
Reihe 27: Farbe 1.
Reihe 28: Farbe 5.
Reihe 29–30: Farbe 1.
Reihe 31–32: Farbe 6.
Reihe 33: Farbe 1.
Reihe 34: Farbe 6.
Reihe 35–36: Farbe 1.
Reihe 37–38: Farbe 7.
Reihe 39: Farbe 1.
Reihe 40: Farbe 7.
Reihe 41–42: Farbe 1.
Reihe 43–44: Farbe 8.
Reihe 45: Farbe 1.
Reihe 46–47: Farbe 8.
Reihe 48–49: Farbe 1.
Reihe 50: Farbe 9.
Reihe 51: Farbe 1.
Reihe 52–53: Farbe 9.
Reihe 54–55: Farbe 1.
Reihe 56: Farbe 10.
Reihe 57: Farbe 1.
Reihe 58–59: Farbe 10.
Reihe 60–61: Farbe 1.
Reihe 62: Farbe 11.
Reihe 63: Farbe 1.
Reihe 64–65: Farbe 11.
Reihe 66–67: Farbe 1.
Reihe 68: Farbe 12.
Reihe 69: Farbe 1.
Reihe 70–71: Farbe 12.
Reihe 72–73: Farbe 1.
Reihe 74: Farbe 13.
Reihe 75: Farbe 1.
Reihe 76–77: Farbe 13.
Reihe 78–79: Farbe 1.
Reihe 80: Farbe 14.
Reihe 81: Farbe 1.
Reihe 82–83: Farbe 14.
Reihe 84–89: Farbe 1.
Reihe 90: Abketten mit Farbe 1.

Anmerkung

Der Faden von Farbe 1 (Schwarz) kann an der Seite mitgeführt werden und muss nicht immer neu angesetzt werden.

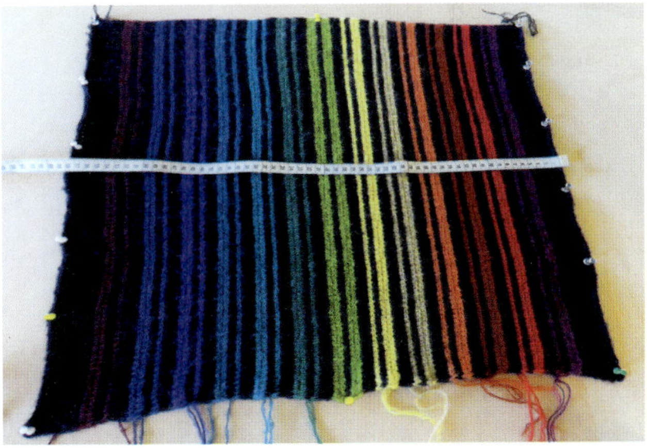

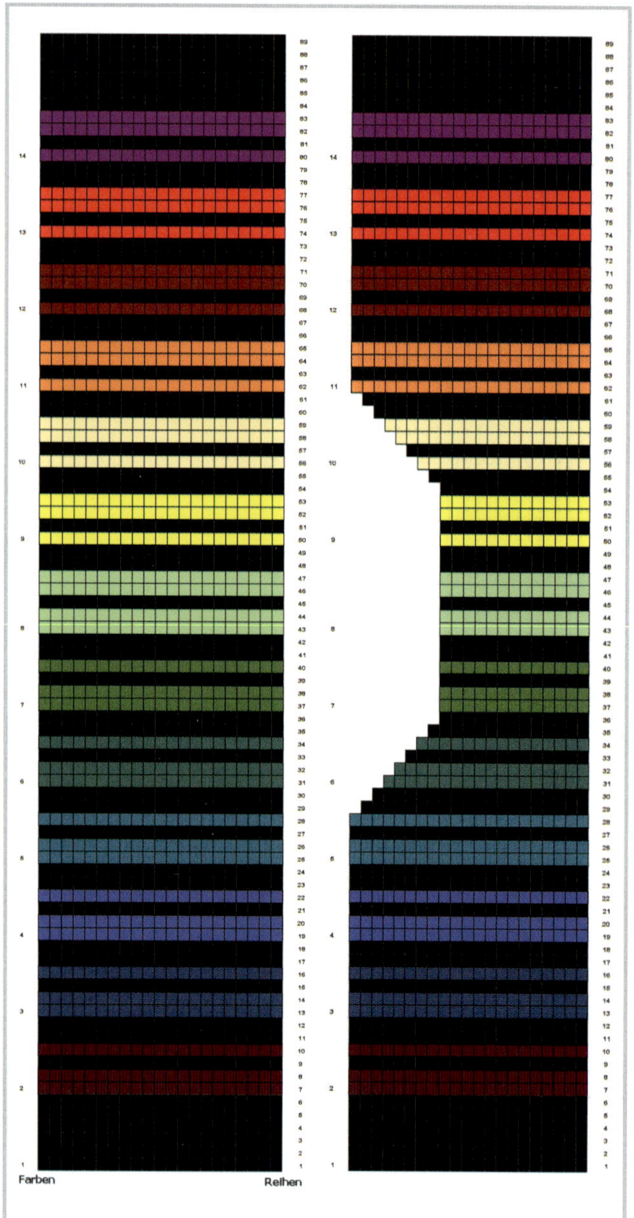

Rückenteil (links) und Vorderteil (rechts) in Arbeitsrichtung

VORDERTEIL

In der gleichen Farbfolge arbeiten wie beim Rückenteil.
Reihen 1–28 wie beim Rückenteil arbeiten.

KLEINER HALSAUSSCHNITT

In den **Reihen 29–36** in der Rückreihe am linken Rand je 1 Masche abnehmen = 92 Maschen ab Reihe 37.
Reihe 37–57: 92 Maschen, Farbfolge wie beim Rückenteil.
Reihe 58–62: In der jeder Hinreihe am linken Rand je Reihe 1 Masche zunehmen = ab Reihe 62 sind es wieder 100 Maschen.
Reihe 63–90: Wie beim Rückenteil arbeiten.
Vorderteil und Rückenteil aufeinanderlegen und die Schulternähte schließen.

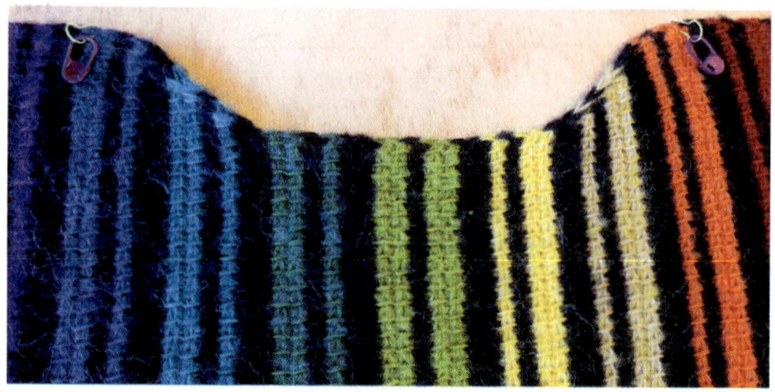

RECHTER ÄRMEL

Die Ärmel werden mit Farbe 1 (Schwarz) in Reihen gearbeitet: Von der Schulternaht aus am Vorder- und Rückenteil jeweils 40 Maschen (25 cm) nach unten zählen und markieren. Nun von Markierer bis Markierer insgesamt 82 Maschen aufnehmen – 40 Maschen aus dem Vorderteil / 2 Maschen aus der Schulternaht / 40 Maschen aus dem Rückenteil – und 4 Reihen im Grundstich arbeiten.

Dann in jeder 3. Reihe 10 x rechts und links je eine Masche in der Rückreihe abnehmen = 62 Maschen.

In jeder 2. Reihe 12 x rechts und links je eine Masche in der Rückreihe abnehmen = 38 Maschen.

2 Reihen ohne Abnahmen. Der Ärmel ist nun ab dem Maschenanschlag ca. 40 cm lang.

Nun für das Bündchen zur Doppelnadel wechseln.

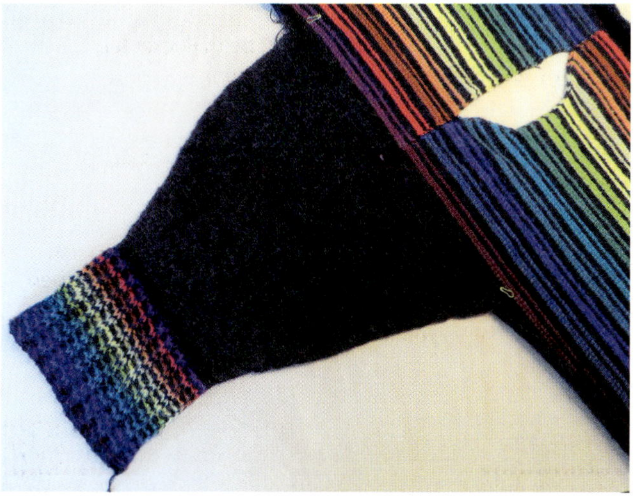

Angesträkelter Ärmel

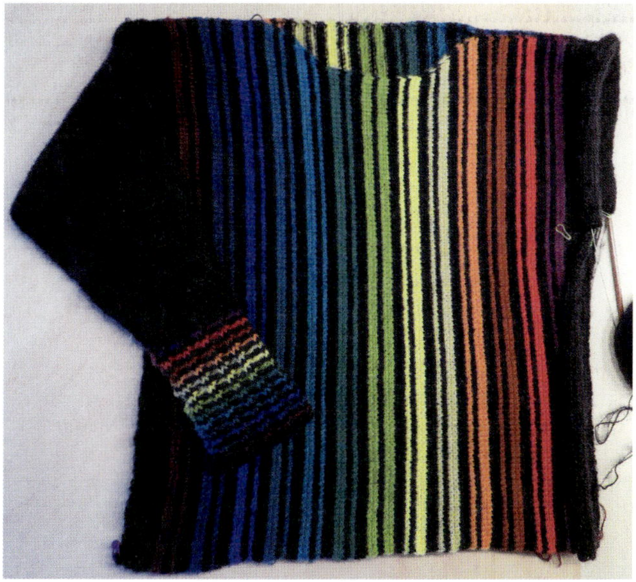

Anfang vom zweiten Ärmel

LANGES BÜNDCHEN (15 CM) IM WENDEMUSTER – RECHTER ÄRMEL

Die Maschenzahl muss teilbar sein durch 4 + 2 Maschen (das sind die beiden Randmaschen RdM).

Farbe 1 (Schwarz) bleibt durchgehend und wird am Seitenrand mitgeführt, die Regenbogenfarben werden nacheinander verarbeitet.

1. Reihe des Wendemusters in Farbe 1 (Schwarz): RdM / 2 Maschen TKS / 2 Maschen fTPS im Wechsel / RdM.
Wenden und mit Farbe 14 abmaschen.

2. Reihe des Wendemusters: RdM / 2 Maschen TKS / 2 Maschen fTPS im Wechsel / RdM.
Wenden und mit Farbe 1 abmaschen.

3. Reihe des Wendemusters in Farbe 1 (Schwarz): RdM / 2 Maschen TKS / 2 Maschen fTPS im Wechsel / RdM.
Wenden und mit Farbe 13 abmaschen.

4. Reihe des Wendemusters: RdM / 2 Maschen TKS / 2 Maschen fTPS im Wechsel / RdM.
Wenden und mit Farbe 1 abmaschen.

5. Reihe des Wendemusters in Farbe 1 (Schwarz): RdM / 2 Maschen TKS / 2 Maschen fTPS im Wechsel / RdM.
Wenden und mit Farbe 12 abmaschen.

6. Reihe des Wendemusters: RdM / 2 Maschen TKS / 2 Maschen fTPS im Wechsel / RdM.
Wenden und mit Farbe 1 abmaschen.

7. Reihe des Wendemusters in Farbe 1 (Schwarz): RdM / 2 Maschen TKS / 2 Maschen fTPS im Wechsel / RdM.
Wenden und mit Farbe 11 abmaschen.

8. Reihe des Wendemusters: RdM / 2 Maschen TKS / 2 Maschen fTPS im Wechsel / RdM.
Wenden und mit Farbe 1 abmaschen.

9. Reihe des Wendemusters in Farbe 1 (Schwarz): RdM / 2 Maschen TKS / 2 Maschen fTPS im Wechsel / RdM.
Wenden und mit Farbe 10 abmaschen.

10. Reihe des Wendemusters: RdM / 2 Maschen TKS / 2 Maschen fTPS im Wechsel / RdM.
Wenden und mit Farbe 1 abmaschen.

11. Reihe des Wendemusters in Farbe 1 (Schwarz): RdM / 2 Maschen TKS / 2 Maschen fTPS im Wechsel / RdM.
Wenden und mit Farbe 9 abmaschen.

12. Reihe des Wendemusters: RdM / 2 Maschen TKS / 2 Maschen fTPS im Wechsel / RdM.
Wenden und mit Farbe 1 abmaschen.

13. Reihe des Wendemusters in Farbe 1 (Schwarz): RdM / 2 Maschen TKS / 2 Maschen fTPS im Wechsel / RdM.
Wenden und mit Farbe 8 abmaschen.
14. Reihe des Wendemusters: RdM / 2 Maschen TKS / 2 Maschen fTPS im Wechsel / RdM.
Wenden und mit Farbe 1 abmaschen.
15. Reihe des Wendemusters in Farbe 1 (Schwarz): RdM / 2 Maschen TKS / 2 Maschen fTPS im Wechsel / RdM.
Wenden und mit Farbe 7 abmaschen.
16. Reihe des Wendemusters: RdM / 2 Maschen TKS / 2 Maschen fTPS im Wechsel / RdM.
Wenden und mit Farbe 1 abmaschen.
17. Reihe des Wendemusters in Farbe 1 (Schwarz): RdM / 2 Maschen TKS / 2 Maschen fTPS im Wechsel / RdM.
Wenden und mit Farbe 6 abmaschen.
18. Reihe des Wendemusters: RdM / 2 Maschen TKS / 2 Maschen fTPS im Wechsel / RdM.
Wenden und mit Farbe 1 abmaschen.
19. Reihe des Wendemusters in Farbe 1 (Schwarz): RdM / 2 Maschen TKS / 2 Maschen fTPS im Wechsel / RdM.
Wenden und mit Farbe 5 abmaschen.
20. Reihe des Wendemusters: RdM / 2 Maschen TKS / 2 Maschen fTPS im Wechsel / RdM.
Wenden und mit Farbe 1 abmaschen.
21. Reihe des Wendemusters in Farbe 1 (Schwarz): RdM / 2 Maschen TKS / 2 Maschen fTPS im Wechsel / RdM.
Wenden und mit Farbe 4 abmaschen.
22. Reihe des Wendemusters: RdM / 2 Maschen TKS / 2 Maschen fTPS im Wechsel / RdM.
Wenden und mit Farbe 1 abmaschen.
23. Reihe des Wendemusters in Farbe 1 (Schwarz): RdM / 2 Maschen TKS / 2 Maschen fTPS im Wechsel / RdM.
Wenden und mit Farbe 3 abmaschen.
24. Reihe des Wendemusters: RdM / 2 Maschen TKS / 2 Maschen fTPS im Wechsel / RdM.
Wenden und mit Farbe 1 abmaschen.
25. Reihe des Wendemusters in Farbe 1 (Schwarz): RdM / 2 Maschen TKS / 2 Maschen fTPS im Wechsel / RdM.
Wenden und mit Farbe 2 abmaschen.
26. Reihe des Wendemusters: RdM / 2 Maschen TKS / 2 Maschen fTPS im Wechsel / RdM.

Wenden und mit Farbe 1 abmaschen.

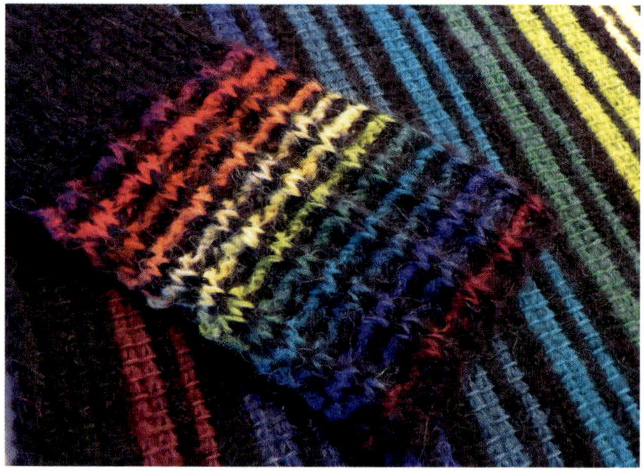

Das lange Ärmelbündchen

27. Reihe des Wendemusters in Farbe 1 (Schwarz): RdM / 2 Maschen TKS / 2 Maschen fTPS im Wechsel / RdM – NICHT wenden und die Maschen mit Farbe 1 abmaschen.
28. Reihe: Alle Maschen mit Farbe 1 im Muster abketten.

Beim zweiten Arm wird das Bündchen in umgekehrter Farbfolge der Regenbogenfarben gesträkelt.

LINKER ÄRMEL

Wie den rechten Ärmel arbeiten, aber die Farbfolge der Regenbogenfarben beim Bündchen in umgekehrter Reihenfolge anordnen. Bei den Regenbogenfarben mit der Regenbogenfarbe 2 beginnen und die letzte Regenbogenfarbe ist dann die Farbe 14.

Anmerkung

Die Weite und Länge der Arme kann natürlich individuell angepasst werden mit mehr/weniger Maschen Aufnehmen bzw. mehr/weniger Abnahmen und mehr/weniger Reihen. Dies muss dann allerdings individuell selbst ausgerechnet werden.

KLEINES HALSBÜNDCHEN IN RUNDEN

Aus dem Halsausschnitt mit Farbe 1 (Schwarz) 72 Schlingen aufnehmen, beginnend an einer Schulternaht.
In Runden 2 Maschen Strickstich / 2 Maschen falsche tunesische

linke Masche im Wechsel arbeiten, bis eine Höhe von 4 cm = 6 Runden (oder die gewünschte Höhe) erreicht ist. Alle Maschen im Muster abketten.

Fertigstellung

Die Ärmel- und die Seitennähte schließen und alle Fäden vernähen.

Wer möchte, kann auch am unteren Rand noch ein Bündchen arbeiten.

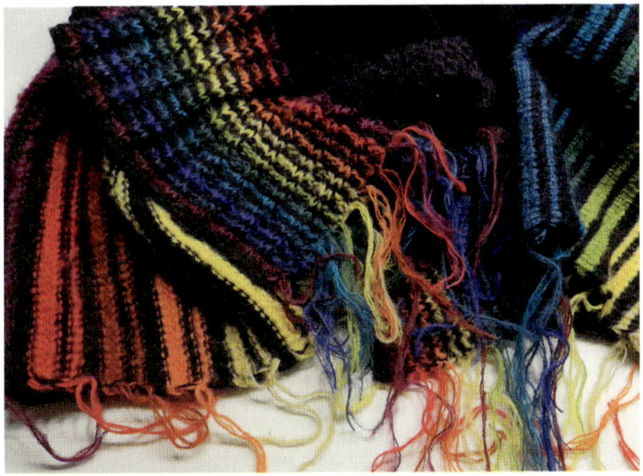

Viele Fäden sind zu vernähen.

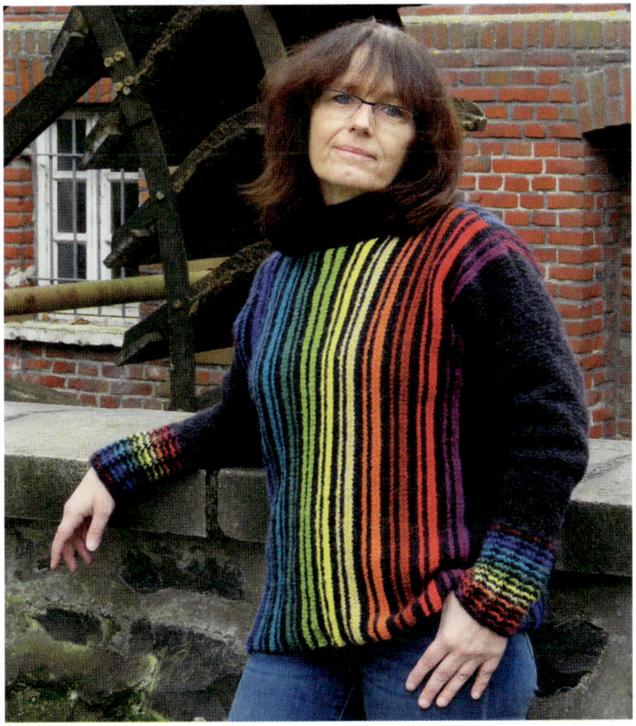

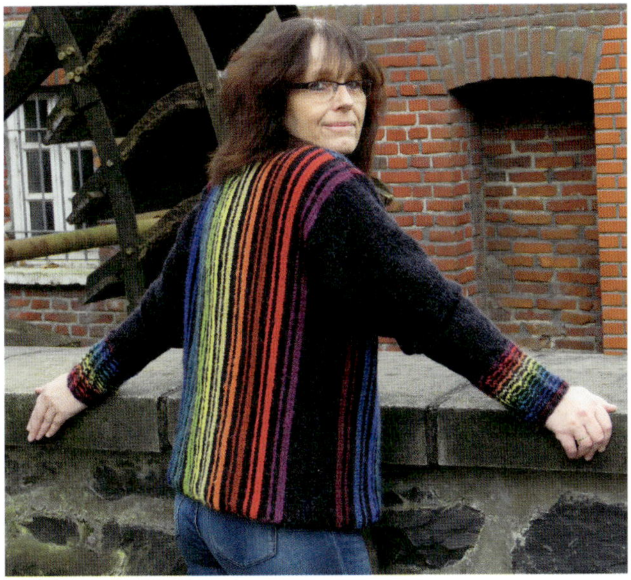

Cape Gesa

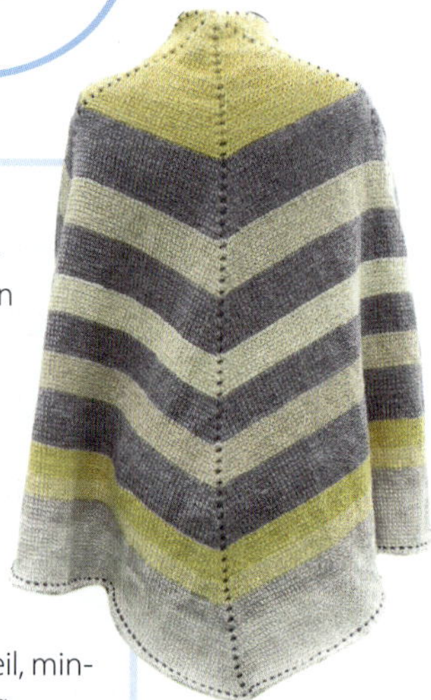
Rückseite

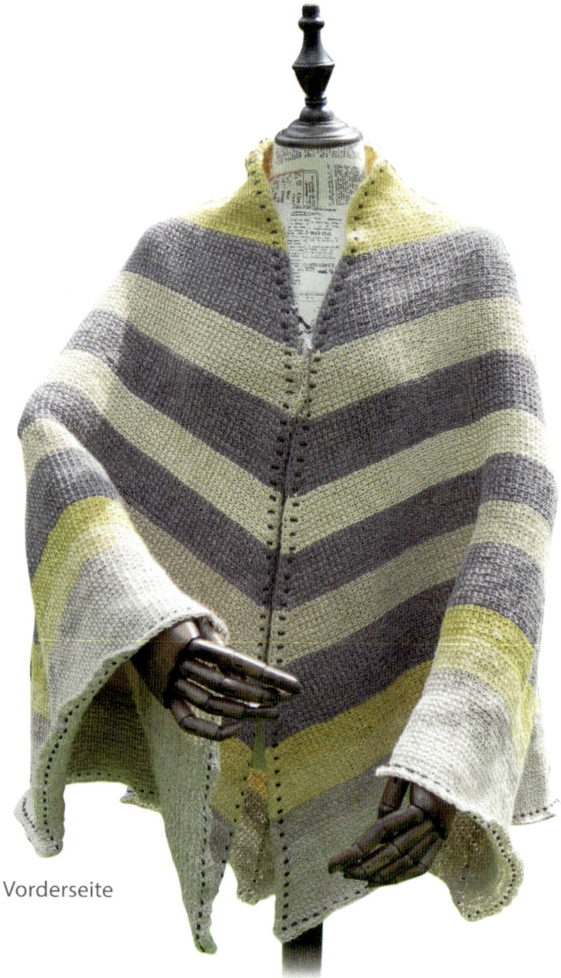
Vorderseite

MATERIAL

WOLLE

Marks + Kattens 100 % Leinen, Lauflänge: 125 m/50 g , handgefärbt von Gesa Drechsler – Buttjebeyy

- 250 g Färbung Gallapfel
- 150 g Färbung Tagetes
- 100 g Färbung Henna
- 50 g Färbung Chili
- 200 g Hibiskus

NADEL

- Tunesische Häkelnadel Nr. 5 mit Seil, mindestens 80 cm, besser 100 cm lang
- Häkelnadel Nr. 1,00 mm, zum Auffädeln der Perlen
- 1 Wollnähnadel zum Fädenvernähen und für die Schließung der Anfangsreihe

WAS MAN NOCH BRAUCHT

- 40 g Miyuki Rocailles 6/0 (4 mm) Farbe 0401F – opaque matt schwarz (20 g sind ca. 230 Rocailles)

Größe: 200 cm breit x 90 cm hoch.

Tipp

Bitte erst die ganze Anleitung lesen und dann starten!

MASCHENPROBE

19 Maschen und 18 Reihen im Grundstich = 10 x 10 cm

WAS MAN KÖNNEN MUSS

- Tunesischer Grundstich – TSS
- Einfache Zunahme – TSS+
- Doppelte Zunahme – TSS++
- RD = Randmasche
- Perlen einarbeiten: Die Perlen werden einzeln mit Häkelnadel 1,00 mm auf die jeweilige Masche aufgefädelt
- Abketten mit festen Maschen

FARBFOLGE

Tagetes – Gallapfel – Henna – Gallapfel – Chili – Gallapfel – Henna – Gallapfel – Tagetes – Hibiskus

Die Zunahmen erfolgen in jeder 2. Hinreihe – die Perlen werden in den Reihen ohne Zunahme auf die jeweilige Masche aufgefädelt: Je eine Perle auf die 3. und drittletzte Masche und je eine Perle auf die mittlere, durch den Umschlag entstandene Masche der doppelten Zunahmen = 5 Perlen je Reihe mit Perlen.

Die Perlen sitzen also immer auf den Maschen, in die in der nächsten Reihe die Zunahmen gearbeitet werden.

Anleitung

13 Luftmaschen anschlagen und die Grundreihe arbeiten, die erste Masche, die nach der Abmaschreihe schon auf der Nadel ist, und die letzte Masche sind die Randmaschen (RD).

Weiter in folgender Einteilung:
RD | TSS | **TSS+** | **TSS** | **TSS++** | **TSS** | **TSS++** | **TSS** | **TSS++** | **TSS** | **TSS+** | **TSS** | RD
Die Maschen vor und zwischen den doppelten Zunahmen (fett gedruckt) werden durch die Zunahmen immer mehr.

Der Farbwechsel findet immer in der Hinreihe statt.

Nach der Grundreihe geht es also folgendermaßen weiter:
Reihe 1:
Randmasche – RD
1 Masche im Grundstich – TSS
1 Masche im Grundstich mit einer Zunahme – TSS+
1 Masche im Grundstich – TSS
1 Masche mit doppelter Zunahme – TSS++
1 Masche im Grundstich – TSS
1 Masche mit doppelter Zunahme – TSS++
1 Masche im Grundstich – TSS
1 Masche mit doppelter Zunahme – TSS++
1 Masche im Grundstich – TSS
1 Masche im Grundstich mit einer Zunahme – TSS+
1 Masche im Grundstich – TSS
Randmasche – RD

Reihe 2: Alle Maschen im Grundstich. Auf die 3. Masche, auf die durch die Umschläge entstandenen Maschen bei den doppelten Zunahmen und auf die 3. letzte Masche je eine Perle arbeiten. Die Perlen sitzen also immer auf den Maschen, in die in der nächsten Reihe die Zunahmen gearbeitet werden = 5 Perlen in jeder Perlenreihe.

Reihe 3:
Randmasche – RD
1 Masche im Grundstich – TSS
1 Masche im Grundstich mit einer Zunahme – TSS+
3 Maschen im Grundstich – TSS
1 Masche mit doppelter Zunahme – TSS++
3 Maschen im Grundstich – TSS
1 Masche mit doppelter Zunahme – TSS++
3 Maschen im Grundstich – TSS
1 Masche mit doppelter Zunahme – TSS++
3 Maschen im Grundstich – TSS
1 Masche im Grundstich mit einer Zunahme – TSS+
1 Masche im Grundstich – TSS
Randmasche – RD
Reihe 4: wie Reihe 2

In diesem Rhythmus in der entsprechenden Farbfolge weitermachen bis eine Reihe vor der Abkettreihe.

Die **letzte Reihe** (Farbe Hibiskus) vor dem Abketten ist eine Perlenreihe: RD | TSS | * TSS mit Perle | TSS * | von * bis * wiederholen und mit TSS mit Perle | TSS | RD enden. Die Rückreihe arbeiten und dann alle Maschen mit festen Maschen abketten.

Gesamtverbrauch an Rocailles: 320 Stück ohne und 585 Stück mit der kompletten letzten Perlenreihe.

Das Cape kann natürlich beliebig groß oder auch kleiner sowie mit und ohne Perlen gearbeitet werden.

Jeweilige Reihenanzahl und Verbrauch in der Farbfolge
(eine Reihe = Hin- und Rückreihe):
Tagetes – Grundreihe + 30 Reihen: knapp 50 g
Gallapfel – 14 Reihen: knapp 50 g
Henna – 10 Reihen: knapp 50 g
Gallapfel – 10 Reihen: 50 g + ein bisschen vom nächsten Strang
Chili – 8 Reihen: knapp 50 g
Gallapfel – 8 Reihen: 50 g + ein bisschen vom nächsten Strang
Henna – 8 Reihen: 50 g + Rest von Streifen 3
Gallapfel – 11 Reihen: knapp 100 g
Tagetes – 11 Reihen: knapp 100 g
Hibiskus – 20 Reihen + Abkettreihe: genau 200 g

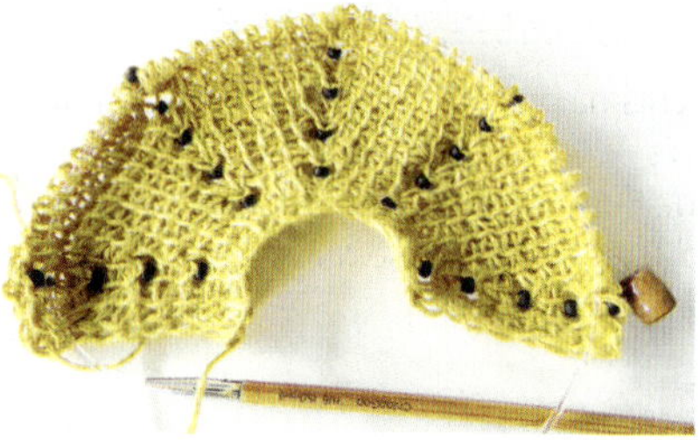
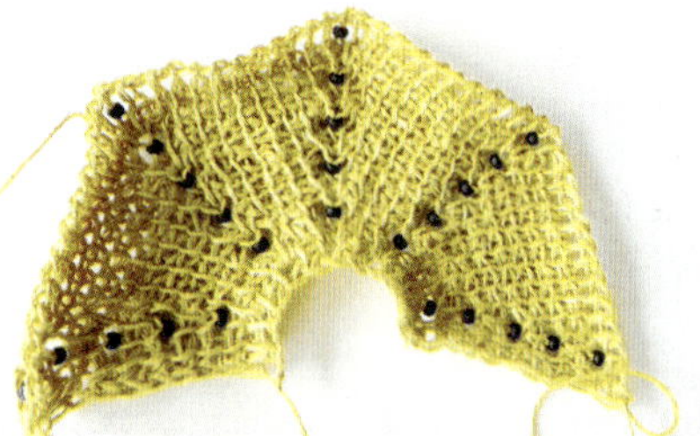

Schließen der Anfangslücke: Nach 10 Reihen habe ich die durch die Anschlagsreihe entstandene Lücke zusammengenäht. Dazu die Anfangsmasche mit der letzten Masche der ersten Reihe verbinden und die „Lücke" zusammennähen.

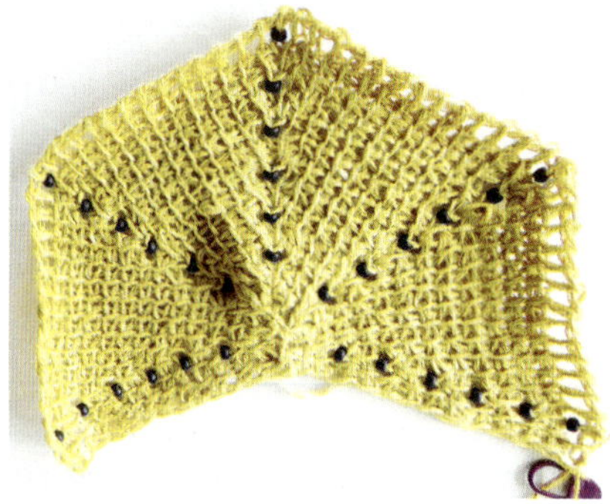

HÖHE DER EINZELNEN FARBSTREIFEN

Streifenhöhe = Höhe der Reihen der jeweiligen Farbe

Tagetes	Höhe: 22 cm
Gallapfel	Streifenhöhe: 8,5 cm
Henna	Streifenhöhe: 5,5 cm
Gallapfel	Streifenhöhe: 6,0 cm
Chili	Streifenhöhe: 4,5 cm
Gallapfel	Streifenhöhe: 5,0 cm
Henna	Streifenhöhe: 5,0 cm
Gallapfel	Streifenhöhe: 6,5 cm
Tagetes	Streifenhöhe: 6,5 cm
Hibiskus	Streifenhöhe: 11,5 cm

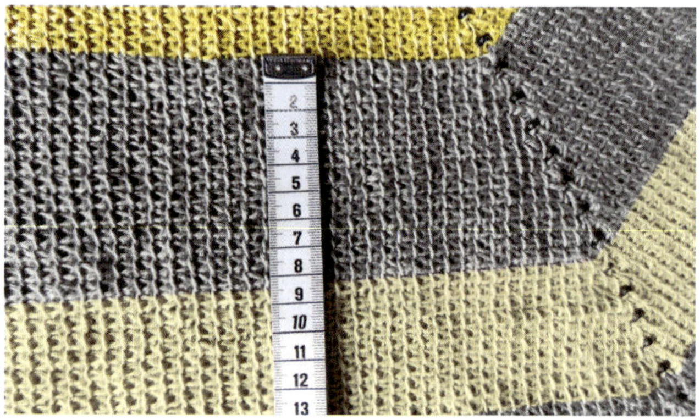

Fertigstellung

Fäden vernähen und die Anfangsnaht, wenn noch nicht gemacht, schließen. Das Cape spannen, trocknen lassen und hineinkuscheln.

Technik: Einfache Zunahme – TSS+

Wie für den Strickstich einstechen – also von vorne nach hinten durch die Masche stechen – und die Schlinge holen.

In die gleiche Masche nochmal einstechen wie für den Grundstich und noch eine Schlinge auf die Nadel holen. Eine Zunahme ist gearbeitet.

Technik: Doppelte Zunahme – TSS++

In die Masche einstechen wie für den Strickstich und die Schlinge auf die Nadel holen, einen Umschlag machen und dann nochmal wie für den Strickstich in die gleiche Masche einstechen und noch eine Schlinge auf die Nadel holen. Fertig ist die doppelte Zunahme ist.

Technik: Abketten mit festen Maschen

Die Nadel vorne von rechts nach links durch das vertikale Maschenglied führen, den Faden um die Nadel legen und die Schlinge holen, den Faden um die Nadel legen und durch beide Schlingen auf der Nadel durchziehen. Eine Masche ist als feste Masche abgekettet.

Technik: Perlen auffädeln

Die entsprechende Masche im Grundstich arbeiten. 1 Perle auf die 1,00-mm-Nadel nehmen, die Masche bzw. Schlinge von der Nadel nehmen und auf die 1,0-mm-Nadel nehmen. Die Schlinge mit der 1,00-mm-Nadel durch die Perle ziehen und die Schlinge mit der Perle wieder auf die Nadel nehmen.

Die Maschen werden ganz normal abgemascht. In der nächsten Hinreihe wird über der Perle in die Masche eingestochen.

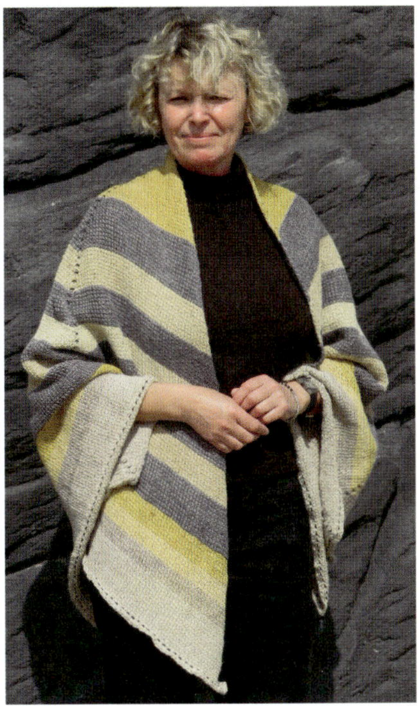

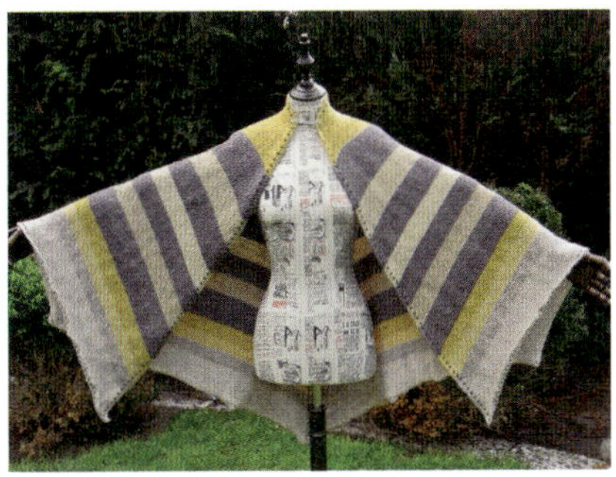

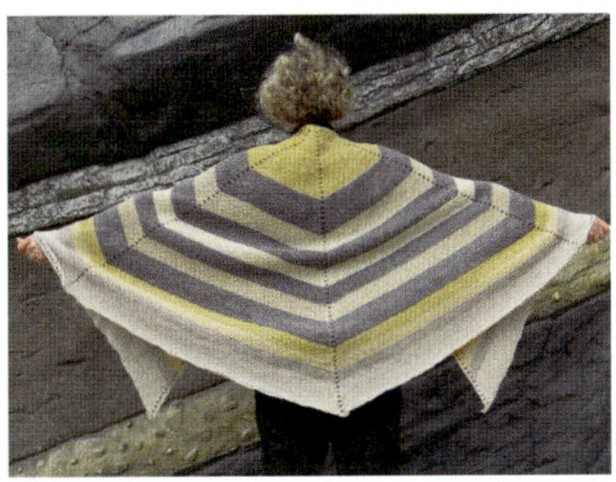

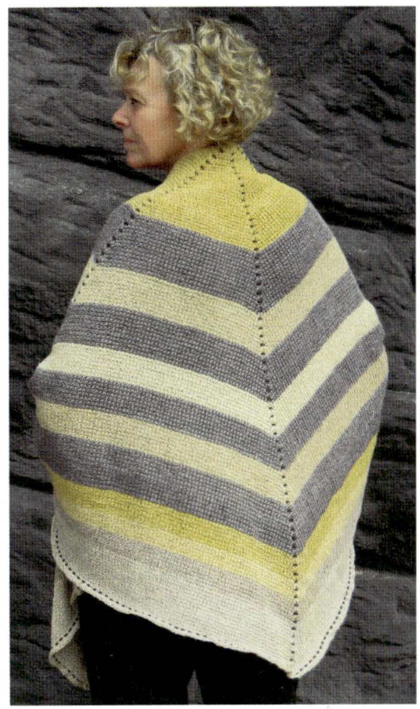

Die folgende Tabelle führt die Maschenanzahl jeder 2. Reihe – die Reihen, in denen nicht zugenommen wird – auf.
Bitte unbedingt vor der kompletten Perlenreihe die Maschen überprüfen – zwischendurch am besten auch – damit die Perlen auch wirklich gleichmäßig eingearbeitet werden können.

Cape mit den Maßen 200 cm x 90 cm

	Reihen	RD	TSS	TSS+	TSS	TSS++	TSS	TSS++	TSS	TSS++	TSS	TSS+	TSS	RD	Gesamt Maschen
	Grund-reihe	1	1	1	1	1	1	1	1	1	1	1	1	1	13
Tagetes	2	1	1	1	3	1	3	1	3	1	3	1	1	1	21
	4	1	1	1	5	1	5	1	5	1	5	1	1	1	29
	6	1	1	1	7	1	7	1	7	1	7	1	1	1	37
	8	1	1	1	9	1	9	1	9	1	9	1	1	1	45
	10	1	1	1	11	1	11	1	11	1	11	1	1	1	53
	12	1	1	1	13	1	13	1	13	1	13	1	1	1	61
	14	1	1	1	15	1	15	1	15	1	15	1	1	1	69
	16	1	1	1	17	1	17	1	17	1	17	1	1	1	77
	18	1	1	1	19	1	19	1	19	1	19	1	1	1	85
	20	1	1	1	21	1	21	1	21	1	21	1	1	1	93
	22	1	1	1	23	1	23	1	23	1	23	1	1	1	101
	24	1	1	1	25	1	25	1	25	1	25	1	1	1	109
	26	1	1	1	27	1	27	1	27	1	27	1	1	1	117
	28	1	1	1	29	1	29	1	29	1	29	1	1	1	125
	30	1	1	1	31	1	31	1	31	1	31	1	1	1	133
Gallapfel	32	1	1	1	33	1	33	1	33	1	33	1	1	1	141
	34	1	1	1	35	1	35	1	35	1	35	1	1	1	149
	36	1	1	1	37	1	37	1	37	1	37	1	1	1	157
	38	1	1	1	39	1	39	1	39	1	39	1	1	1	165
	40	1	1	1	41	1	41	1	41	1	41	1	1	1	173
	42	1	1	1	43	1	43	1	43	1	43	1	1	1	181
	44	1	1	1	45	1	45	1	45	1	45	1	1	1	189
Henna	46	1	1	1	47	1	47	1	47	1	47	1	1	1	197
	48	1	1	1	49	1	49	1	49	1	49	1	1	1	205
	50	1	1	1	51	1	51	1	51	1	51	1	1	1	213
	52	1	1	1	53	1	53	1	53	1	53	1	1	1	221
	54	1	1	1	55	1	55	1	55	1	55	1	1	1	229
Gallapfel	56	1	1	1	57	1	57	1	57	1	57	1	1	1	237
	58	1	1	1	59	1	59	1	59	1	59	1	1	1	245
	60	1	1	1	61	1	61	1	61	1	61	1	1	1	253
	62	1	1	1	63	1	63	1	63	1	63	1	1	1	261
	64	1	1	1	65	1	65	1	65	1	65	1	1	1	269